프톨레마이오스가 들려주는 삼각비 2 이야기

NEW 수학자가 들려주는 수학 이야기 61
프톨레마이오스가 들려주는 삼각비 2 이야기

ⓒ 황종철, 2010

2판 1쇄 인쇄일 | 2025년 9월 11일
2판 1쇄 발행일 | 2025년 9월 25일

지은이 | 황종철
펴낸이 | 정은영
펴낸곳 | (주)자음과모음

출판등록 | 2001년 11월 28일 제2001-000259호
주소 | 10881 경기도 파주시 회동길 325-20
전화 | 편집부 (02)324-2347, 경영지원부 (02)325-6047
팩스 | 편집부 (02)324-2348, 경영지원부 (02)2648-1311
e-mail | jamoteen@jamobook.com

ISBN 978-89-544-5306-6 44410
     978-89-544-5196-3 (세트)

• 잘못된 책은 교환해 드립니다.

황종철 지음

NEW
수학자가 들려주는
수학 이야기
61

프톨레마이오스가 들려주는 삼각비 2 이야기

㈜자음과모음

추천사

수학자라는 거인의 어깨 위에서 보다 멀리, 보다 넓게 바라보는 수학의 세계!

수학 교과서는 대개 '결과'로서의 수학을 연역적으로 제시하는 경향이 강하기 때문에 학생들은 수학이 끊임없이 진화해 왔다고 생각하기 어렵습니다. 그렇지만 수학의 역사는 하나의 문제가 등장하고 그에 대해 많은 수학자가 고심하고 이를 해결하는 가운데 새로운 아이디어가 출현해 온 역동적인 과정입니다.

〈NEW 수학자가 들려주는 수학 이야기〉는 수학 주제들의 발생 과정을 수학자들의 목소리를 통해 친근하게 이야기 형식으로 들려주기 때문에 학생들이 수학을 '과거 완료형'이 아닌 '현재 진행형'으로 인식하는 데 도움이 될 것입니다.

학생들이 수학을 어려워하는 요인 중의 하나는 '추상성'이 강한 수학적 사고의 특성과 '구체성'을 선호하는 학생의 사고 사이에 존재하는 간극이며, 이런 간극을 줄이기 위해서 수학의 추상성을 희석시키고 수학 개념과 원리의 설명에 구체성을 부여하는 것이 필요합니다.

〈NEW 수학자가 들려주는 수학 이야기〉는 수학 교과서의 내용을 생동감 있게 재구성함으로써 추상적인 수학을 구체성을 갖는 수학으로 변모시키고 있습니다. 또한 중간중간에 곁들여진 수학자들의 에피소드는 자칫 무료해지기 쉬운 수학 공부에 윤활유 역할을 해 줄 것입니다.

〈NEW 수학자가 들려주는 수학 이야기〉의 구성을 보면 우선 수학자의 업적을 개략적으로 소개하고, 6~9개의 강의를 통해 수학 내적 세계와 외적 세계, 교실 안과 밖을 넘나들며 수학 개념과 원리를 소개한 후 마지막으로 강의에서 다룬 내용을 정리합니다.

이런 책의 흐름을 따라 읽다 보면 각각의 도서가 다루고 있는 주제에 대한 전체적이고 통합적인 이해가 가능하도록 구성되어 있습니다. 〈NEW 수학자가 들려주는 수학 이야기〉는 학교 수학 교과 과정과 긴밀하게 맞물려 있으며, 전체 시리즈를 통해 학교 수학의 많은 내용들을 다룹니다. 따라서 〈NEW 수학자가 들려주는 수학 이야기〉를 학교 수학 공부와 병행하면서 읽는다면 교과서 내용의 소화 흡수를 도울 수 있는 효소 역할을 할 것입니다.

뉴턴이 'On the shoulders of giants'라는 표현을 썼던 것처럼, 수학자라는 거인의 어깨 위에서는 보다 멀리, 넓게 바라볼 수 있습니다. 학생들이 〈NEW 수학자가 들려주는 수학 이야기〉를 읽으면서 각 수학자의 어깨 위에서 보다 수월하게 수학의 세계를 내다보는 기회를 갖기를 바랍니다.

홍익대학교 수학교육과 교수 | 《수학 콘서트》 저자 박경미

책머리에

세상의 진리를 수학으로 꿰뚫어 보는 맛
그 맛을 경험시켜 주는 '삼각비 2' 이야기

수학은 모든 학문의 기초가 되는 과목이며 논리력과 창의력을 키우는 과목이라 할 수 있습니다. 현대 사회는 고도의 정보화 사회로서 모든 학생이 수학적 힘을 사회의 모든 분야에서 실현할 수 있어야 합니다. 그러나 학생들은 수학을 어려워하며 기피하는 현상을 보이기도 하고 특히나 삼각비 단원은 다른 영역보다 성취 수준이 떨어지기도 합니다.

삼각법이란 영어로 trigonometry이고, 이것은 그리스어의 trigon삼각형과 metria측량라는 2개의 용어로 된 것인데, 이것은 삼각형의 6요소인 세 변의 길이와 세 각의 크기 사이의 관계를 조사하거나 주어진 조건에 맞는 삼각형을 결정하는 연구를 말합니다. 이와 같이 삼각법은 실용적인 문제에서 생겨났습니다. 이처럼 삼각비는 자연 과학, 공학, 음향학 등 여러 분야에 응용되며 일상생활에서 주기적인 현상을 해석하고 예측하여 이와 관련된 여러 문제를 해결하는 데 필수불가결한 도구입니다.

이 책은 《프톨레마이오스가 들려주는 삼각비 1 이야기》를 바탕으로 일반각에 대한 삼각비를 소개하고 사인법칙과 코사인법칙, 삼각함수의 덧셈정리, 삼각함수의 합성, 배각의 공식, 반각의 공식, 곱을 합차로 고치는 공식, 합차를 곱으로 고치는 공식을 소개하였습니다. 그뿐만 아니라 여러 공식과 관련된 실생활 문제를 제시하고 해결함으로써 학생들이 삼각비 단원을 친숙하게 다가갈 수 있도록 하였습니다.

  이 책은 학생들의 눈높이에서 삼각비를 제시하였습니다. 물론 초등학생이나 중학생이 이해하기 힘든 부분도 있지만 삼각비에 관한 전반적인 내용을 교육 과정과 연계해서 요약해 두었습니다. 교육 과정을 요약하는 과정에서 여러 교과서를 참고하였고 교과서보다 더 자세하게 서술하려고 노력하였습니다. 또한 일상생활에서 일어날 수 있는 많은 예를 통하여 수학적 지식을 이해할 수 있도록 하였고 삼각비에 관한 지식의 필요성을 강조하였습니다. 여러분이 삼각비를 공부하는 데 이 책이 조금이나마 도움이 되었으면 하는 바람입니다.

황종철

차례

추천사 4
책머리에 6
100% 활용하기 10
프톨레마이오스의 개념 체크 16

1교시
일반각의 삼각비 23

2교시
사인법칙 41

3교시
코사인법칙 59

4교시
삼각함수의 덧셈정리 83

5교시
삼각함수의 합성　　　　　　　　　　　　　101

6교시
삼각함수의 배각, 반각의 공식　　　　　　　115

7교시
곱을 합차로, 합차를 곱으로 고치는 공식　　133

1 이 책은 달라요

《프톨레마이오스가 들려주는 삼각비 2 이야기》는 그리스의 수학자인 프톨레마이오스가 삼각비에 대하여 들려주는 이야기입니다. 삼각함수의 덧셈정리와 배각의 공식, 반각의 공식, 삼각함수의 합성은 고등학교 수학에서도 어려운 내용에 속합니다. 그러나 여러 공식 사이의 관계를 이해하면 어려움을 덜 느낄 수 있습니다. 이 책은 여러분에게 삼각비의 여러 공식에 관한 다양한 유도 과정과 예를 통해서 공식을 익힐 수 있도록 하였습니다. 삼각비에 관한 공식을 외우려고만 하지 말고 공식들의 관계를 이해한다면 더욱더 머릿속에 오래 남아 있을 것입니다. 또한 이 책은 중학교에서부터 고등학교까지 배우게 되는 삼각비의 내용이 고루 들어 있습니다. 여러분이 열심히 공부해서 중고등학교의 삼각비에 관한 내용을 모두 정리할 수 있었으면 합니다.

2 이런 점이 좋아요

❶ 중학교 3학년 삼각비부터 고등학교 대수의 삼각함수까지 개념을 엮어서 많은 예를 들어 이야기 형식으로 설명하였습니다.

❷ 이 책은 학교 교육 과정 전반을 아울러서 학생들이 생각하는 방향과 수준에 맞게 내용을 선별하였습니다.

❸ 이 책은 《프톨레마이오스가 들려주는 삼각비 1 이야기》의 내용을 바탕으로 고등학교 수학에 나오는 삼각함수의 내용을 삼각비의 입장에서 서술하였습니다.

❹ 다양한 삼각비의 예와 상황을 통하여 삼각비의 개념을 학생들이 쉽게 이해할 수 있도록 하였습니다.

3 교과 연계표

학년	단원(영역)	관련된 수업 주제 (관련된 교과 내용 또는 소단원명)
중 2	도형과 측정	도형의 닮음, 피타고라스 정리
중 3		삼각비, 원의 성질
고 2(대수)	삼각함수	삼각함수, 사인법칙과 코사인법칙

4 수업 소개

1교시 일반각의 삼각비

- **선행 학습** : 닮음, 삼각비, 특수각의 삼각비
- **학습 방법** : 삼각비의 정의를 이해하고 특수각의 삼각비를 구해 봅시다. 특수각의 삼각비에서 일반각의 삼각비를 구하는 방법을 익힌 뒤 일반각 중 특정 각을 정해서 일반각의 사인, 코사인, 탄젠트 값을 구한 뒤 삼각비의 표와 맞춰 봅시다.

2교시 사인법칙

- **선행 학습** : 삼각비, 각의 분류(예각, 직각, 둔각), 일반각, 원주각
- **학습 방법** : 삼각형의 6요소 사이의 관계로 사인법칙을 이해하고 이를 적절히 활용하여 삼각형의 6요소 중 주어진 적당한 요소로부터 나머지 요소를 구할 수 있어야 합니다. 따라서 다양한 상황을 통해

사인법칙의 활용을 연습하는 것이 좋습니다.

3교시 코사인법칙

- **선행 학습** : 삼각형의 넓이, 피타고라스의 정리
- **학습 방법** : 제일 코사인법칙과 제이 코사인법칙의 증명 방법을 다양하게 익히고 어떤 경우에 제일 코사인법칙이 필요하고 어떤 경우 제이 코사인법칙이 필요한지 구분하여 공부하는 것이 좋습니다. 삼각형의 6요소 사이의 관계로 코사인법칙을 이해하고 이를 적절히 활용하여 삼각형의 6요소 중 주어진 적당한 요소로부터 나머지 요소를 구할 수 있어야 합니다. 따라서 다양한 상황을 통해 코사인법칙의 활용을 연습하는 것이 좋습니다.

4교시 삼각함수의 덧셈정리

- **선행 학습** : 삼각비의 관계, 점과 점 사이의 거리
- **학습 방법** : 삼각함수의 덧셈정리를 유도하는 방법으로 도형에 의한 방법과 제이 코사인법칙을 이용하는 방법이 있습니다. 두 가지 방법을 모두 익히고, 삼각함수의 덧셈정리는 반각의 공식, 배각의 공식, 곱을 합 또는 차로 고치는 공식, 합 또는 차를 곱으로 고치는 공식의 기본이 되는 공식이므로 공식을 머릿속에 기억해 둘 필요가 있습니다. 또한 여러 경우에 활용되는 사례가 많아 다양한 문제를 통해서

공식을 익혀 두기 바랍니다.

5교시 삼각함수의 합성

- **선행 학습** : 삼각함수의 덧셈정리, 사인함수와 코사인함수의 성질
- **학습 방법** : 삼각함수의 합성을 이해하려면 우선 좌표평면 위의 도형을 통해 시각적으로 이해하고 난 다음 수치적으로 계산하는 것이 바람직합니다. 그냥 식의 결과만 외워서는 일반각의 합성을 하는 데 어려움이 따를 것입니다. 다양한 삼각비의 값을 합성해 보고 합성을 쉽게 하는 방법을 생각해 봅니다. 책에는 소개가 되지 않았지만 사인으로의 합성뿐만 아니라 코사인으로 합성하는 방법을 익히는 것도 재미있을 것입니다. 삼각함수의 합성을 충분히 익히고 난 뒤 삼각방정식과 부등식을 여러 방법으로 해결해 보기 바랍니다.

6교시 삼각함수의 배각, 반각의 공식

- **선행 학습** : 삼각함수의 덧셈정리, 닮음의 성질, 원과 접선 사이의 관계
- **학습 방법** : 삼각함수의 배각의 공식과 반각의 공식은 삼각함수의 덧셈정리에서 유도될 수 있습니다. 유도 과정을 익히고 새로운 공식을 다양한 문제를 통해 외우는 것이 좋습니다. 단순히 공식을 암기했을 때 이 공식이 어디에 어떻게 쓰이는지 모르는 경우가 많습니다. 따라서 어느 정도 공식을 이해했다고 생각한다면 공식을 활용하는 문

제를 많이 풀어 보는 것이 좋습니다.

7교시 곱을 합차로, 합차를 곱으로 고치는 공식

- **선행 학습** : 삼각함수의 덧셈정리, 배각의 공식, 반각의 공식
- **학습 방법** : 곱을 합차로, 합차를 곱으로 고치는 공식은 삼각형의 덧셈정리에서 유도될 수 있습니다. 유도 과정을 익히고 새로운 공식을 다양한 문제를 통해 이해하는 것이 좋습니다. 앞서 배운 여러 공식의 관계를 익히고 이러한 공식들의 필요성을 알아야 합니다. 공식을 단순히 암기하지 말고 문제를 통해서 어떤 공식을 어떤 경우에 사용해야 하는지 다시 한번 점검할 필요가 있습니다.

프톨레마이오스를 소개합니다

Claudios Ptolemaeos(100?~170?)

나는 프톨레마이오스입니다. 나는 고대 그리스의 수학자이자 천문학자이며 지리학자이자 점성학자입니다. 나는 태양과 달, 다른 행성들의 운동에 대해서 히파르코스의 관측 사실과 결론을 더욱 확장해 '프톨레마이오스 체계'라고 널리 알려지게 된 천동설天動說을 확립했습니다.

천동설은 15세기까지 서구 그리스도교 사회에서 거의 독보적이었으나, 1543년 폴란드의 천문학자인 코페르니쿠스의 태양 중심설이 천동설을 대체하게 되었습니다.

나는 기하학자로서 수학 분야에도 중요한 업적을 많이 남겼습니다. 나의 책《알마게스트》에 소수 다섯째 자리까지 정확한 $30°$마다의 사인표 및 삼각함수의 덧셈정리를 이끌어 냈습니다. 또한 기하학에서 나의 이름인 '톨레미 정리프톨레마이오스의 정리'가 있습니다.

여러분, 나는 프톨레마이오스입니다

안녕하세요. 여러분과 공부할 프톨레마이오스입니다. 나는 고대 그리스의 수학자이자 천문학자이며 지리학자이자 점성학자입니다. 나의 고향은 잘 모릅니다. 다만 후대의 사람들이 고대 이집트의 테바이드에서 태어났을 것이라 추정하고 있으며, 서기 170년쯤 알렉산드리아에서 사망했습니다. 나는 고대 그리스어로 책을 썼고 바빌론 천문학 자료들을 사용했습니다.

내가 살았던 고대 그리스 시대는 지구가 우주의 중심이라고 생각했습니다. 나의 천문학적 업적은 나중에 '위대한 천문학자'로 알려지게 된 걸작《위대한 논문 Mathēmatikē Syntaxis》에 들어 있습니다. 특히 9세기 아라비아의 천문학자들은 이 책을 '메

지스테Megistē, 최고라는 뜻'라고 했을 정도로 높게 평가받았습니다. 이 낱말에 접두어로서 정관사 알al이 붙어 그 이후로는《알마게스트Almagest》13권라는 제목으로 오늘날까지 불리고 있습니다.《알마게스트》는 각 권마다 별들과 태양계 천체에 대한 천문학적 개념을 다루고 있습니다. 알마게스트는 백과사전적이기 때문에 후배 천문학자들은 매우 유용하다고 생각했으며 깊은 영향을 받았습니다. 본질적으로 알마게스트는 그리스의 천문학이 얻은 결과를 종합한 것이며, 고대의 가장 위대한 천문학자라고 할 수 있는 히파르코스의 업적을 찾아볼 수 있는 주요한 자료입니다. 굳이 수학에 비유하자면 '유클리드의 기하학 원론'이라고 생각하면 될 겁니다. 나는 태양과 달, 다른 행성들의 운동에 대해서도 히파르코스의 관측 사실과 결론을 더욱 확장해 '프톨레마이오스 체계'라고 널리 알려지게 된 천동설天動說을 확립했습니다. 나는 모든 물체가 우주의 중심으로 떨어지기 때문에 지구는 우주의 중심에 고정되어 있어야 하고, 그렇지 않다면 낙하하는 물체가 지구의 중심을 향해 떨어지는 것을 볼 수 없을 것이라고 주장했습니다. 나는 이러한 나의 이론에 반대되는 어떤 것도 관측되지 않았음을 증명했고, 그 결과 천동설은 15세기까지 서구 그리스도교 사회에서 거의 독보적이었으나, 1543년 폴란드의 천문학자인 코페르니쿠스의 태양 중심설이 천동설을 대체하게 되었습니다.

　나는 기하학자로서 수학 분야에도 중요한 업적을 많이 남겼습니다. 나의 책《알마게스트》에 소수 다섯째 자리까지 정확한 30°마다의 사인표 및 삼각함수의 덧셈정리를 이끌어 냈습니다. 또한 기하학에서 나의 이름인 '톨레미 정리프톨레마이오스 정리'가 있습니다. 나의 여러 가지 업적 중 여러분이 기억했으면 하는 것은 나의 이름으로 된 이 정리입니다.

> **톨레미 정리프톨레마이오스 정리**
> 원에 내접하는 사각형 ABCD의 두 쌍의 대변의 길이의 곱의 합은 두 대각선의 길이의 곱과 같습니다.
>
>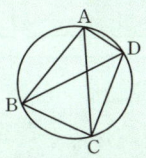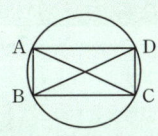
>
> $$\overline{AB}\cdot\overline{CD}+\overline{AD}\cdot\overline{BC}=\overline{AC}\cdot\overline{BD}$$

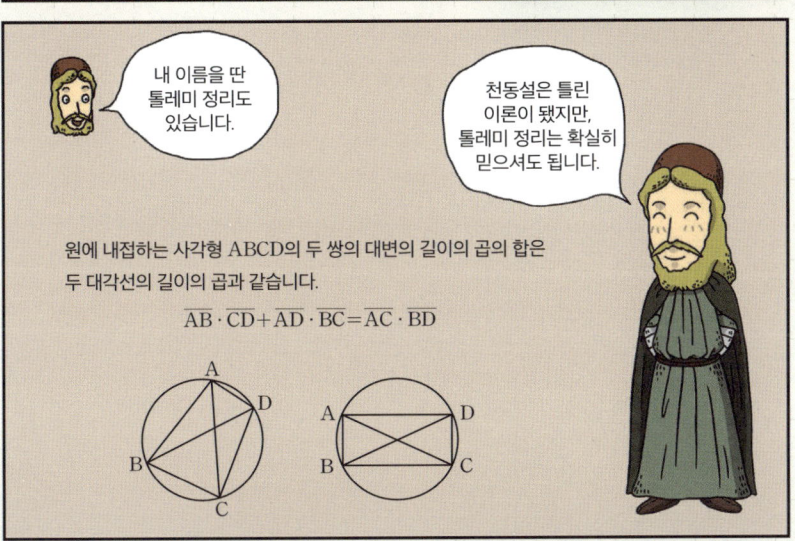

1교시

일반각의 삼각비

일반각의 삼각비를 이해하고
삼각비 표를 실생활에 활용해 봅니다.

수업 목표

1. 일반각의 삼각비를 이해할 수 있습니다.
2. 삼각비 표를 읽고 실생활에 활용할 수 있습니다.

미리 알면 좋아요

1. 근사계산에 의해 얻어진 수치로 참값에 가까운 값. ≒근사치

2. 닮음∽ 두 도형이 크기는 다르지만 모양은 같다는 것을 뜻합니다. 즉, 한 도형을 전체적으로 늘이거나 줄이면 다른 도형과 정확히 같은 모양합동이 됩니다. 모든 원은 서로 닮음이고, 모든 정다각형도 서로 닮음입니다.

프톨레마이오스의
첫 번째 수업

　삼각비는 직각삼각형에서 각에 대한 변의 길이의 비를 나타낸 것입니다. 여러분은 《프톨레마이오스가 들려주는 삼각비 1 이야기》에서 삼각비에 대한 기본적인 내용을 공부하였습니다. 이번 단원에서는 《삼각비 1 이야기》에서 공부한 내용을 잠시 점검하고 새로운 내용을 소개할까 합니다.

　다음 페이지의 삼각형 ABC와 삼각형 ADE는 $\angle B = \angle D = 90°$인 직각삼각형이면서, $\angle A$를 공통으로 가지므로 $\triangle ABC \infty$

△ADE입니다. 또한 대응변의 길이의 비는 $\overline{AB}:\overline{AD}=4:8$, $\overline{AC}:\overline{AE}=5:10$, $\overline{BC}:\overline{DE}=3:6$입니다.

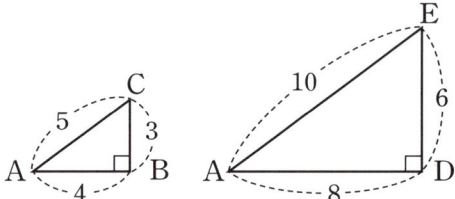

따라서 ∠A에 대한 삼각비는 $\sin A=\dfrac{3}{5}=\dfrac{6}{10}$, $\cos A=\dfrac{4}{5}=\dfrac{8}{10}$, $\tan A=\dfrac{3}{4}=\dfrac{6}{8}$입니다. 앞에서도 학습한 바와 같이 같은 각에 대한 두 직각삼각형의 대응변의 길이의 비는 삼각형의 크기에 관계없이 일정합니다.

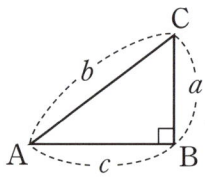

즉, 일반적으로 0°<A<90°일 때, 왼쪽 그림과 같이 ∠A를 한 각으로 가지는 직각삼각형 ABC에서 △ABC의 크기에 관계없이 $\sin A=\dfrac{a}{b}$, $\cos A=\dfrac{c}{b}$, $\tan A=\dfrac{a}{c}$로 삼각비의 값은 항상 일정합니다.

지금까지는 직각삼각형에서 주어진 각의 크기가 30°, 45°, 60°인 특수각의 삼각비에 대해 알아보았습니다. 특수각의 삼각비는 정삼각형과 정사각형에서 아이디어를 얻어 값을 구할 수 있었습니다. 정사각형은 한 변의 길이가 주어지면 대각선의 길이와 대각선과 연결되어 있는 한 변으로 이루어진 각이 항상 정해집니다. 즉, 정사각형에서 한 변의 길이가 1이면 대각선의 길이는 $\sqrt{2}$이고 대각선과 변이 이루는 각은 45°입니다. 마찬가지로 정삼각형도 한 변의 길이가 주어지면 높이와 변이 이루는 각이 정해집니다. 정삼각형에서 한 변의 길이를 2라 하면 삼각형의 높이는 $\sqrt{3}$이고 높이와 변이 이루는 각은 30°입니다. 따라서 특수각의 삼각비를 구할 수 있습니다.

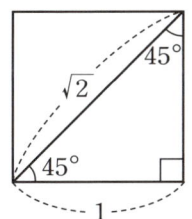 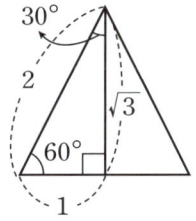

삼각비 \ 특수각	30°	45°	60°
sinA	$\frac{1}{2}$	$\frac{\sqrt{2}}{2}$	$\frac{\sqrt{3}}{2}$
cosA	$\frac{\sqrt{3}}{2}$	$\frac{\sqrt{2}}{2}$	$\frac{1}{2}$
tanA	$\frac{\sqrt{3}}{3}$	1	$\sqrt{3}$

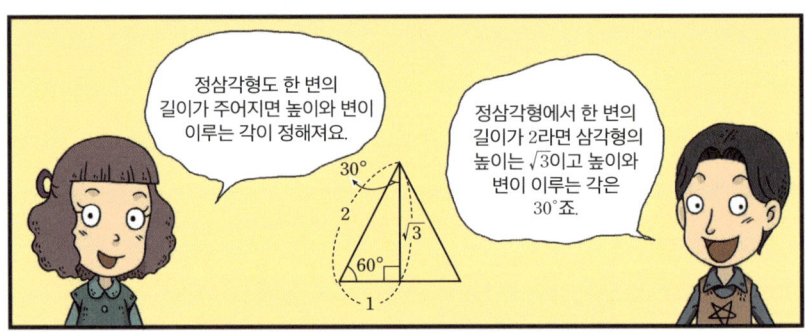

그러나 일반각에 대한 삼각비의 값을 구하는 데는 더 많은 정보가 필요합니다. 특수각은 정사각형과 정삼각형에서 자연스럽게 얻어질 수 있지만 일반각의 경우 우리에게 주는 정보가 제한적입니다. 그러면 10°, 50°, 83° 등과 같이 0°에서 90° 사이의 일반각에 대해 삼각비를 어떻게 구할 수 있을까요?

다음 그림은 좌표평면 위에 원점 O를 중심으로 하고 $\overline{AO}=1$을 반지름으로 하는 사분원을 그린 것입니다. 이때, ∠AOP=40°가 되도록 사분원 위에 점 P를 잡고, 점 P에서 x축에 내린 수선의 발을 B, 점 A에서 사분원에 그은 접선과 $\overline{OP}$의 연장선과의 교점을 Q라 합시다. 그림에서 $\overline{OP}$와 $\overline{AO}$는 사분원의 반지름이므로 길이가 1입니다.

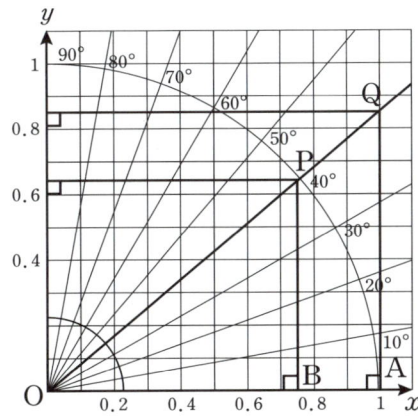

따라서 직각삼각형 POB와 QOA에서 ∠BOP=∠AOQ=40°에 대한 삼각비의 값을 구하면 다음과 같습니다.

$$\sin 40° = \frac{\overline{BP}}{\overline{OP}} = \frac{\overline{AQ}}{\overline{OQ}}$$

$$\cos 40° = \frac{\overline{BO}}{\overline{OP}} = \frac{\overline{AO}}{\overline{OQ}}$$

$$\tan 40° = \frac{\overline{BP}}{\overline{BO}} = \frac{\overline{AQ}}{\overline{AO}}$$

우선 sin40°의 값을 구하기 위하여 $\overline{OP}=1$이므로 $\overline{BP}$의 길이를 구하면 됩니다. 물론 $\overline{OQ}$와 $\overline{AQ}$의 길이를 구해도 되지만 2개의 길이를 구하는 것보다 하나의 길이를 구하는 것이 더 쉽기 때문에 sin40°의 값은 $\sin 40°=\frac{\overline{BP}}{\overline{OP}}$로 구하는 것이 더 편리합니다. 또한 cos40°의 값을 구하기 위하여 $\overline{OP}=1$이므로 $\overline{BO}$의 길이를 구하면 됩니다. 물론 $\overline{AO}$의 길이가 1이기 때문에 $\overline{OQ}$의 길이를 구해도 되지만 분수를 계산하는 것보다 $\overline{BO}$의 길이를 구하는 것이 더 쉽기 때문에 cos40°의 값은 $\cos 40°=\frac{\overline{BO}}{\overline{OP}}$로 구하는 것이 더 편리합니다. 그리고 tan40°의 값을 구하기 위하여 $\overline{AO}=1$이므로 $\overline{AQ}$의 길이를 구하면 됩니다. 물론 $\overline{BO}$와 $\overline{BP}$의

길이를 구해도 되지만 sin40°와 마찬가지로 2개의 길이를 구하는 것보다 하나의 길이를 구하는 것이 더 쉽기 때문에 tan40°의 값은 tan40°=$\frac{\overline{AQ}}{\overline{AO}}$로 구하는 것이 더 편리합니다.

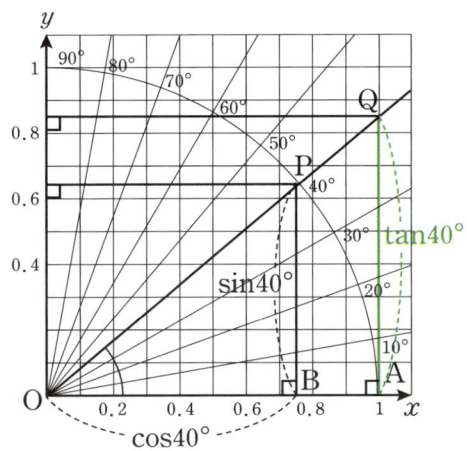

따라서 우리가 구하려고 하는 삼각비의 값은 sin40°=$\overline{BP}$, cos40°=$\overline{BO}$, tan40°=$\overline{AQ}$로 구할 수 있습니다.

$$\sin 40° = \frac{\overline{BP}}{\overline{OP}} ≒ \frac{0.64}{1} = 0.64$$

$$\cos 40° = \frac{\overline{BO}}{\overline{OP}} ≒ \frac{0.77}{1} = 0.77$$

$$\tan 40° = \frac{\overline{AQ}}{\overline{AO}} ≒ \frac{0.84}{1} = 0.84$$

앞의 그림에서 살펴보면 원점 O를 중심으로 하고 반지름의 길이가 1인 사분원 위에 임의의 점 P를 잡았을 때, ∠AOP=x에 대한 삼각비의 값은 $\sin x = \overline{BP}$, $\cos x = \overline{BO}$, $\tan x = \overline{AQ}$임을 알 수 있습니다. 따라서 일반각의 삼각비의 값은 $\overline{BP}$, $\overline{BO}$, $\overline{AQ}$ 3개의 선분의 길이로 구할 수 있습니다. 직각삼각형 BOP에서 ∠BOP의 크기가 0°에 가까워지면 $\overline{BP}$의 길이는 0에, $\overline{BO}$의 길이는 1에, $\overline{AQ}$의 길이는 0에 가까워집니다. 따라서 0°에 대한 삼각비의 값은 다음과 같이 약속하기로 합니다.

$$\sin 0° = 0, \ \cos 0° = 1, \ \tan 0° = 0$$

또 ∠BOP의 크기가 90°에 가까워지면 $\overline{BP}$의 길이는 1에, $\overline{BO}$의 길이는 0에 가까워지지만 $\overline{AQ}$의 길이는 한없이 크게 되어 값을 정할 수 없게 됩니다. 따라서 90°에 대한 삼각비의 값에서 $\tan 90°$의 값은 정하지 않고 다음과 같이 약속하기로 합니다.

$$\sin 90° = 1, \ \cos 90° = 0$$

다음의 표는 이와 같은 방법으로 삼각비의 값을 반올림하여 소수 넷째 자리까지 구한 삼각비의 표의 일부입니다. 이 표에서 10°의 삼각비의 값을 구하려면 각에서 10°를 찾아 사인, 코사인, 탄젠트의 세로줄과 만나는 값을 찾아 읽으면 됩니다.

각	sin	cos	tan
0°	0.0000	1.0000	0.0000
1°	0.0175	0.9998	0.0175
2°	0.0349	0.9994	0.0349
3°	0.0523	0.9986	0.0524
⋮	⋮	⋮	⋮
10°	0.1736	0.9848	0.1763
11°	0.1908	0.9816	0.1944
12°	0.2079	0.9781	0.2126
⋮	⋮	⋮	⋮
50°	0.7660	0.6428	1.1918
51°	0.7771	0.6293	1.2349
52°	0.7880	0.6157	1.2799
⋮	⋮	⋮	⋮

➡ $\sin 10° = 0.1736$
$\cos 10° = 0.9848$
$\tan 10° = 0.1763$

이와 같이 삼각비의 표에 의하여 특수각에 대한 삼각비뿐만 아니라 일반각에 대한 삼각비도 쉽게 구할 수 있습니다.

혹시 여러분 중에 길이를 재기 힘든 건물이나 탑의 높이가 궁금한 학생 있나요?

"네, 얼마 전 부모님과 절에 다녀왔는데 탑의 높이가 궁금했어요. 탑에 올라갈 수도 없고 자로 재어 볼 수도 없고 좀 답답했습니다."

혹시 사진이 있나요?

"네, 기념으로 찍어 둔 사진이 있습니다."

자, 그러면 사진을 보고 탑의 높이가 어느 정도 되는지 추측해 봅시다.

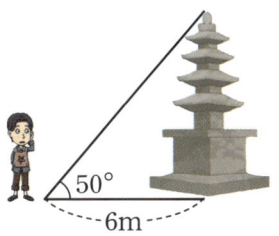

준오 학생의 키는 얼마입니까?

"1m 50cm입니다."

그렇군요. 사진에서 준오와 탑까지 거리를 재어 보면 키의 4배만큼 떨어져 있는 것을 알 수 있습니다. 따라서 준오와 탑까지의 거리는 대략 6m인 것을 알 수 있습니다. 그리고 준오의 발에서 탑의 상층부 맨 위까지 선을 그어 각을 재었더니 50°입니다. 따라서 우리가 배운 삼각비의 값으로 탑의 높이를 알 수 있습니다. 탑의 높이를 x라고 할 때 $\tan 50° = \dfrac{x}{6}$이고 $\tan 50° ≒ 1.1918$이므로 $x = \tan 50° \times 6 ≒ 1.1918 \times 6 ≒ 7.15$입니다. 따라서 탑의 높이가 대략 7.15m임을 알 수 있습니다.

우리의 일상생활에서 30°, 45°, 60°는 매우 제한적인 상황에서 적용되는 특수한 값입니다. 만약 특수각의 삼각비만을 알고 있다면 삼각비의 활용 정도는 아주 낮을지도 모릅니다. 이렇게 일반각에 대한 삼각비를 찾아냄으로써 더욱 다양한 곳에 삼각비를 활용할 수 있게 된 것입니다. 특수각에 대한 삼각비의 값은 외우거나 정삼각형, 정사각형에서 값을 얻을 수 있습니다. 하지만 일반각에 대한 삼각비의 값은 외울 수도 없고 외울 필요도 없겠죠. 다만 삼각비의 표를 보고 읽을 수 있다면 충분히 활용할 수 있을 것이라 생각합니다. 여러분도 일상생활에서 일반각에 대한 삼각비를 활용해서 길이나 넓이를 구해 보기 바랍니다.

수업정리

❶ 직각삼각형 ABC에서 △ABC 크기에 관계없이 $\sin A = \dfrac{a}{b}$, $\cos A = \dfrac{c}{b}$, $\tan A = \dfrac{a}{c}$로 삼각비의 값은 항상 일정합니다.

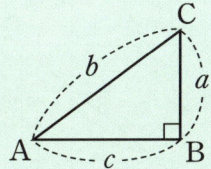

❷ 좌표평면 위에 원점 O를 중심으로 하고 $\overline{AO}=1$을 반지름으로 하는 사분원을 그린 것입니다. 이때, ∠AOP=x가 되도록 사분원 위에 점 P를 잡고, 점 P에서 x축에 내린 수선의 발을 B, 점 A에서 사분원에 그은 접선과 $\overline{OP}$의 연장선과의 교점을 Q라 합시다. ∠AOQ=x에 대한 삼각비의 값은 $\sin x = \overline{BP}$, $\cos x = \overline{BO}$, $\tan x = \overline{AQ}$임을 알 수 있습니다. 따라서 일반각의 삼각비의 값은 $\overline{BP}$, $\overline{BO}$, $\overline{AQ}$ 3개 선분의 길이로 구할 수 있습니다.

수업 정리

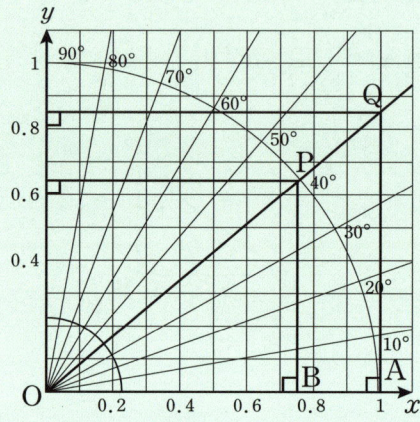

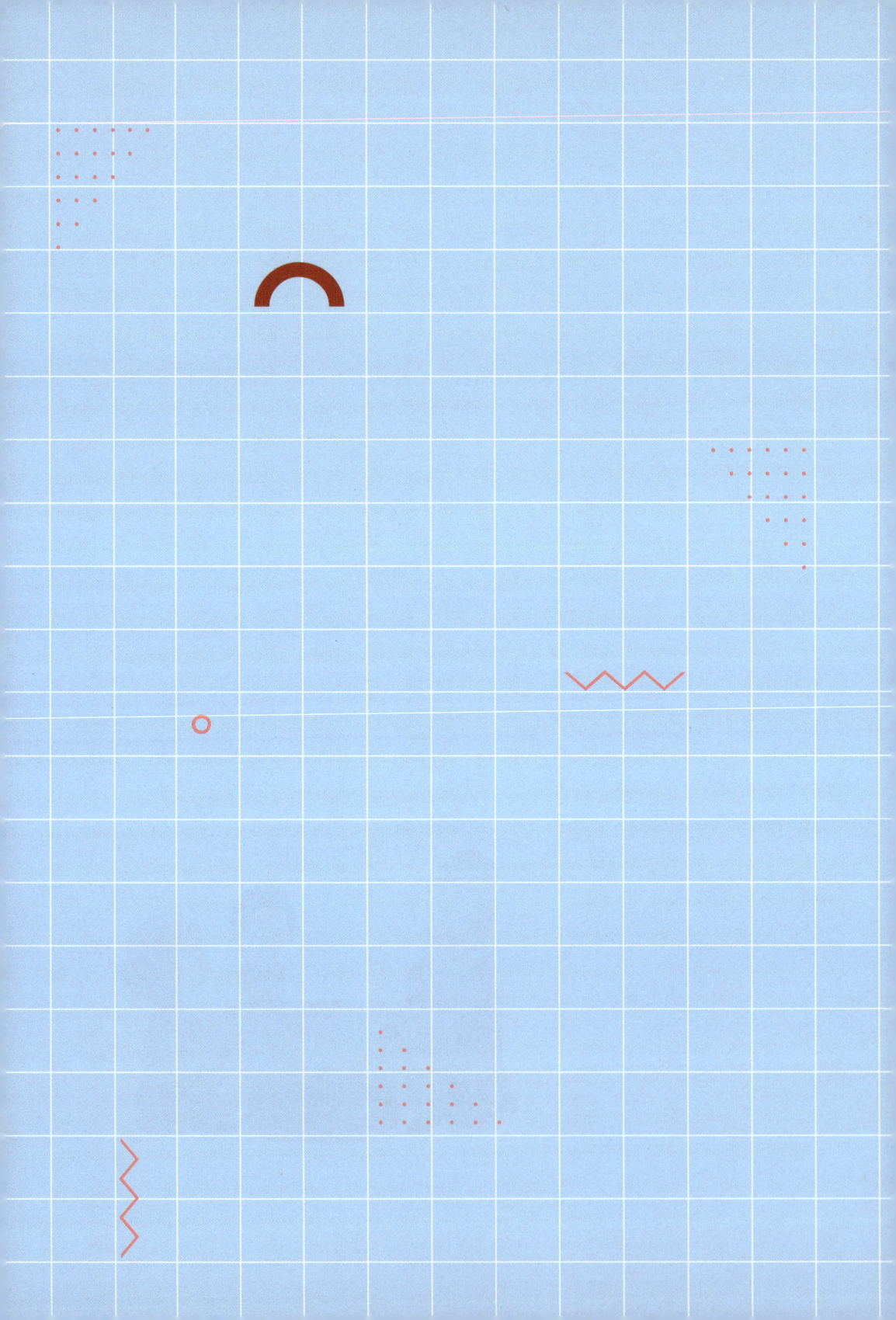

2교시

사인법칙

삼각함수의 사인법칙을 이해하고
여러 증명 방법을 알아봅니다.

수업 목표

1. 삼각함수의 사인법칙을 이해할 수 있습니다.
2. 삼각함수의 사인법칙의 여러 증명 방법을 이해합니다.

미리 알면 좋아요

1. **예각** 직각보다 작은 각.

2. **직각** 두 직선이 만나서 이루는 90°의 각. ∠R로 나타냅니다.

3. **둔각** 90°보다는 크고 180°보다는 작은 각.

4. **아네로이드 기압계** 고도계 수은 등의 액체를 쓰지 않는 기압계. 주요부는 물결 모양의 얇은 금속판을 붙여서 작고 속이 비어 있는 진공으로 된 통이 있으며, 기압이 바뀜에 따라 얇은 판이 늘었다 줄었다 하면서 이것이 조그만 지레를 통하여 바늘에 전달되어 눈금을 가리키게 됩니다. 가지고 다니기에 편리하며, 눈금을 매기기에 따라 고도계로도 사용할 수 있습니다.

프톨레마이오스의
두 번째 수업

    삼각형에서 특정한 각의 크기와 변의 길이를 알 때, 삼각비를 활용해서 삼각형의 넓이와 변의 길이를 구할 수 있었습니다. 이를 활용해서 실생활에서 직접 측정하기 힘든 건물의 높이와 탑의 길이, 땅의 면적 등 다양한 분야에 적용할 수 있었습니다. 삼각비 사이에는 각각의 법칙과 이들 사이의 관계가 있습니다. 우선 삼각비의 여러 법칙 중 사인법칙을 알아보고 이의 유용성에 대하여 알아볼까요?

삼각형 ABC에서 ∠A, ∠B, ∠C의 크기를 보통 A, B, C로 나타내고 이들의 대변 길이를 각각 a, b, c로 나타냅니다.

이때, 각 A, B, C, 변 a, b, c를 삼각형의 6요소라고 하는 거 다들 기억하고 있나요?

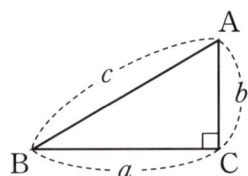

앞서 공부한 직각삼각형에서 피타고라스의 정리 $a^2+b^2=c^2$ ∠C=90°일 때은 삼각형의 세 변 사이의 관계를 식으로 나타낸 것입니다. 따라서 삼각형의 6요소 중 변 a, b, c 사이의 관계입니다. 삼각비는 어떤가요? 직각삼각형에서 삼각비 $\sin B = \dfrac{b}{c}$, $\cos B = \dfrac{a}{c}$, $\tan B = \dfrac{b}{a}$는 변과 각 사이의 관계를 나타낸 것이고, 사인법칙은 일반적인 삼각형에서 세 변의 길이와 세 각의 크기 사이의 관계를 나타낸 것입니다.

　　삼각형 ABC의 점 A에서 변 BC에 내린 수선의 발을 H라고 합시다. 삼각형 ABH에서 높이 $\overline{AH}$는 $c\sin B$로 나타낼 수 있고 삼각형 ACH에서 높이 $\overline{AH}$는 $b\sin C$로 나타낼 수 있습니다. 따라서 $\overline{AH}$의 길이는 $b\sin C = c\sin B$입니다. 여기서 양변을 $\sin B \sin C$로 나누면 $\dfrac{b}{\sin B} = \dfrac{c}{\sin C}$입니다.

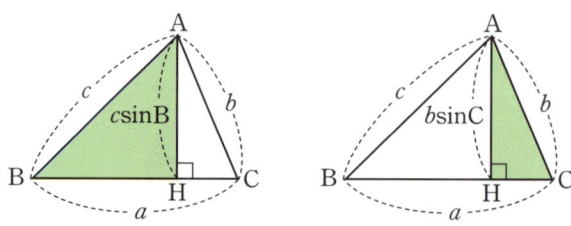

마찬가지로 변 AB를 밑변으로 생각하여 꼭짓점 점 C에서 변 AB에 내린 수선의 발을 F라고 합시다. 삼각형 CAF에서 높이 $\overline{CF}$는 $b\sin A$로 나타낼 수 있고 삼각형 CBF에서 높이 $\overline{CF}$는 $a\sin B$로 나타낼 수 있습니다. 따라서 $\overline{CF}$의 길이는 $a\sin B = b\sin A$입니다. 여기서 양변을 $\sin A \sin B$로 나누면 $\dfrac{a}{\sin A} = \dfrac{b}{\sin B}$입니다.

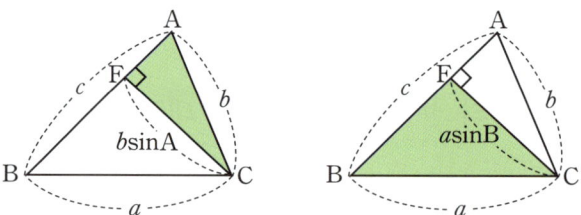

따라서 $\dfrac{a}{\sin A} = \dfrac{b}{\sin B}$이고, $\dfrac{b}{\sin B} = \dfrac{c}{\sin C}$이므로 $\dfrac{a}{\sin A} = \dfrac{b}{\sin B} = \dfrac{c}{\sin C}$임을 알 수 있습니다.

사인법칙

삼각형 ABC에서

$$\frac{a}{\sin A} = \frac{b}{\sin B} = \frac{c}{\sin C}$$

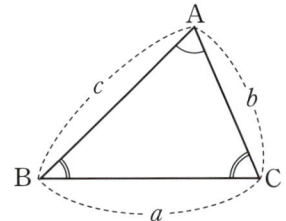

삼각함수의 사인법칙을 다른 방법으로도 증명할 수 있습니다. $\frac{a}{\sin A} = \frac{b}{\sin B} = \frac{c}{\sin C}$의 값은 삼각형 ABC의 외접원의 반지름과 관계가 있습니다. 혹시 아래의 내용이 잘 이해가 가지 않는다면《탈레스가 들려주는 원 2 이야기》를 참고하여 공부하는 것이 좋을 것 같습니다.

사인법칙을 삼각형 ABC에서 ∠A가 예각, 직각, 둔각인 경우로 나누어 증명해 보겠습니다. 예각, 직각, 둔각이 어떤 각인지는 모두 알고 있나요?

예각은 90°보다 작은 각, 직각은 90°인 각, 둔각은 90°보다 크고 180°보다 작은 각을 말합니다. 그렇다면 왜 이렇게 ∠A가 예각, 직각, 둔각인 세 경우로 나누어서 증명할까요?

"삼각형의 모든 경우를 증명하기 위해서 그렇게 합니다."

네, 맞습니다. 삼각형의 모든 경우를 포함하여 증명하기 위하여 ∠A가 예각, 직각, 둔각인 세 경우로 나누어 증명하는 것입니다. 그러면 이제 증명을 시작해 볼까요?

[증명]

① 삼각형 ABC에서 ∠A＜90°인 경우

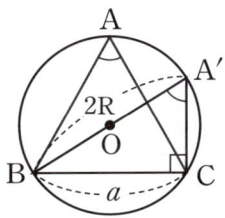

삼각형 ABC에서 ∠A에 대응변을 a라 하고 외접원의 반지름을 R이라 합시다. 점 B를 지나는 지름의 다른 끝점을 A′라고 하면 같은 호에 대한 원주각의 크기는 같으므로 ∠A＝∠A′이고 $\overline{A'B}$＝2R입니다. 또한 ∠A′CB＝90°이므로 $\sin A = \sin A' = \dfrac{\overline{BC}}{\overline{A'B}} = \dfrac{a}{2R}$ 입니다.

② 삼각형 ABC에서 ∠A＝90°인 경우

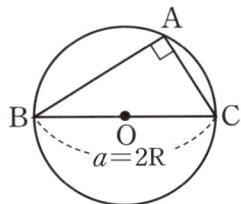

∠A=90°이므로 sinA=1이고 $a=2R$이므로 sinA=1=$\frac{a}{2R}$입니다.

③ 삼각형 ABC에서 ∠A>90°인 경우

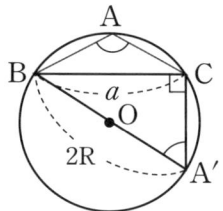

점 B를 지나는 지름의 다른 끝점을 A′라고 해 볼까요? 그러면 원에 내접하는 사각형의 대각의 합은 180°이므로 ∠A=180°−∠A′입니다. 여기서 ∠A′CB=90°이므로 sinA=sin(180°−A′)=sinA′=$\frac{\overline{BC}}{\overline{BA'}}$=$\frac{a}{2R}$입니다.

따라서 삼각형 ABC에서 ∠A의 크기에 관계없이 sinA=$\frac{a}{2R}$이므로 $\frac{a}{\sin A}=2R$이 성립함을 알 수 있습니다. 위와 같은 방법으로 $\frac{b}{\sin B}=2R$, $\frac{c}{\sin C}=2R$도 성립합니다. 따라서 삼각형 ABC에서 $\frac{a}{\sin A}=\frac{b}{\sin B}=\frac{c}{\sin C}=2R$임을 알 수 있습니다.

앞의 증명 내용을 정리하면 다음과 같습니다.

사인법칙 확장

삼각형 ABC의 외접원의 반지름의 길이를 R이라고 하면

$$\frac{a}{\sin A} = \frac{b}{\sin B} = \frac{c}{\sin C} = 2R$$

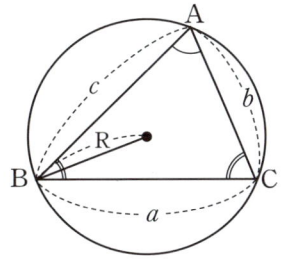

첫 번째 방법으로 증명하면 쉽고 간단하지만 삼각형 ABC에서 $\frac{a}{\sin A} = \frac{b}{\sin B} = \frac{c}{\sin C}$ 와 외접원의 반지름의 길이 R 사이의 관계를 알 수 없습니다. 반면 두 번째 방법으로 증명하면 각, 변, 반지름의 길이 사이의 관계를 알 수 있지만, 경우가 다양하고 증명이 어려워 이해하기가 힘들 수도 있습니다. 따라서 여러분은 첫 번째 방법으로 증명을 이해하고, 두 번째 방법으로 반지름의 길이 R 사이의 관계를 기억하면 될 것입니다.

자, 이제 삼각비를 배운 여러분에게 질문 하나를 해 볼까 합니다. 여러분, 산의 높이는 어떻게 잴까요?

"자로 재요."

산의 높이를 자로 잴 수 있을까요? 그러면 땅을 파고 들어가야 할 텐데…….

"그러면 어떻게 재나요?"

산의 높이를 직접 잴 수는 있겠지만 여러 제한 조건이 뒤따르겠지요? 산의 높이는 기압의 차이를 이용해서 재는 방법이 있는데 산의 정상에서 측정한 기압과 해면 기압과의 차이, 공기의 평균 밀도 그리고 중력 가속도를 알면 정역학 방정식에 의해 고도를 구할 수 있습니다. 이를 이용한 아네로이드 고도계[1]를 가지고 있으면 산을 올라가면서 그때마다 그 지점의 고도를 알 수 있습니다.

또한 비행기에서 전파를 지상으로 발사해서 돌아오는 시간을 측정해서 고도를 계산하는 방법도 있습니다. 그러면 측량 기술이 발전하지 않았던 시대에는 험준한 산의 높이를 어떻게 알아냈을까요?

삼각함수는 직접 측정하기 어려운 산이나 건물의 높이를 알

> **메모장**
>
> [1] 아네로이드 고도계 아네로이드 기압계를 이용하여 높이를 재는 고도계이다. 아네로이드 기압계의 주요부는 물결 모양의 얇은 금속판을 붙여서 작고 속이 비어 있는 진공으로 된 통이 있으며, 기압이 바뀜에 따라 얇은 판이 늘었다 줄었다 하면서 이것이 조그만 지레를 통하여 바늘에 전달되어 눈금을 가리키게 된다.

아낼 때 유용합니다. 예를 들어 어떤 지점 B에서 산의 정상 A를 올려다보았을 때 지면과 이루는 각을 40°, 산의 정상 방향으로 200m를 나아가 C 지점에서 다시 산의 정상을 올려다보았을 때의 각도를 52°라고 합시다. 아래 사진에서 주어진 자료를 이용해 $\overline{AH}$, $\overline{CH}$, $\overline{AC}$, $\overline{AB}$의 길이를 구할 수 있습니다. 그러면 여기에서 산의 높이 $\overline{AH}$를 구해 볼까요? 산의 높이는 두 가지 방법으로 구할 수 있습니다.

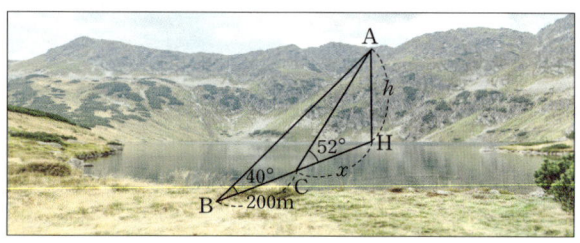

첫 번째 방법은 삼각비의 정의를 이용하는 것입니다. 삼각비의 정의에 의해 $\tan 40° = \dfrac{h}{200+x}$이고 $\tan 52° = \dfrac{h}{x}$입니다. 삼각비의 표에서 $\tan 40° = 0.8391$이고 $\tan 52° = 1.2799$이므로 $0.8391 = \dfrac{h}{200+x}$이고 $1.2799 = \dfrac{h}{x}$입니다. 주어진 식을 정리하면 $0.8391(200+x) = h$이고 $x = \dfrac{h}{1.2799}$이므로 0.8391

$\left(200+\dfrac{h}{1.2799}\right)=h$입니다. 따라서 $\dfrac{0.4408}{1.2799}h=167.82$이므로 $h≒487$입니다. 그러므로 산 정상의 높이는 약 487m입니다.

두 번째 방법은 사인법칙을 이용하는 것입니다. 사인법칙에 의하여 삼각형 AHB에서 $\dfrac{h}{\sin 40°}=\dfrac{200+x}{\sin 50°}$이고, 삼각형 AHC에서 $\dfrac{h}{\sin 52°}=\dfrac{x}{\sin 38°}$입니다. $\sin 38°=0.6157$, $\sin 52°=0.7880$, $\sin 40°=0.6428$, $\sin 50°=0.7660$이므로, 삼각형 AHC에서 $h=x\times\dfrac{\sin 52°}{\sin 38°}≒x\times\dfrac{0.7880}{0.6157}≒1.280x$입니다. 이 값을 삼각형 AHB에서 구한 식에 대입하면, $\dfrac{1.280x}{0.6428}=\dfrac{200+x}{0.7660}$이고, x에 대해서 정리하면, $0.9805x=0.6428x+128.56$, $0.3377x=128.56$ 따라서 $x=\dfrac{128.56}{0.3377}≒380.7$입니다. 이제 x값을 $h=1.280x$에 대입하면, $h=1.280\times 380.7≒487.3$입니다.

두 가지 방법 모두 산의 높이는 약 487m가 나옵니다. 삼각비의 계산이 모두 근삿값을 통한 계산이기 때문에 어느 정도의 차이는 있을 수 있지만, 그 값은 그렇게 크지 않습니다. 따라서 어떤 법칙을 이용하는가에 따라 조금의 차이는 있을 수 있지만, 강 너머 있는 산의 높이를 대략적으로 파악하는 데는 문제가 없을 것입니다.

이렇게 삼각형에서 사인법칙을 활용하면 직접 길이를 잴 수 없는 건물이나 산의 높이를 알 수 있었습니다. 다음 시간에는 삼각형에서 코사인법칙에 대해 알아보겠습니다.

수업정리

❶ 사인법칙

삼각형 ABC에서 ∠A, ∠B, ∠C의 대변을 a, b, c라 합시다. 삼각형 ABC의 외접원의 반지름의 길이를 R이라고 하면 $\dfrac{a}{\sin A} = \dfrac{b}{\sin B} = \dfrac{c}{\sin C} = 2R$을 만족합니다.

❷ 삼각형에서 사인법칙을 활용하면 직접 길이를 잴 수 없는 건물이나 산의 높이를 알 수 있습니다.

3교시

코사인법칙

제일 코사인법칙과 제이 코사인법칙에 대해 알아봅니다.

수업 목표

1. 제일 코사인법칙을 이해할 수 있습니다.
2. 제이 코사인법칙을 이해하고 여러 증명 방법을 익힐 수 있습니다.

미리 알면 좋아요

1. **삼각형의 넓이** 삼각형 ABC의 넓이 S는 다음과 같이 구할 수 있습니다.

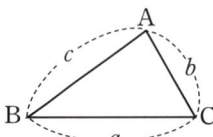
$$S = \frac{1}{2}bc\sin A = \frac{1}{2}ca\sin B = \frac{1}{2}ab\sin C$$

2. **피타고라스의 정리** 직각삼각형 ABC에서 ∠A, ∠B, ∠C의 대변을 a, b, c라 하고 ∠C=90°일 때, $c^2 = a^2 + b^2$이 성립합니다.

3. **한 원에서 두 현 사이의 길이 관계** 한 원의 두 현 AC, BD가 만나는 점을 P라고 할 때 다음과 같은 성질이 성립합니다.

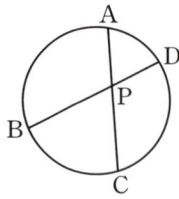
$$\overline{PA} \cdot \overline{PC} = \overline{PB} \cdot \overline{PD}$$

프톨레마이오스의 세 번째 수업

이번 시간에는 삼각형의 6요소 중 변과 각 사이의 또 다른 관계에 대해 알아봅시다. 삼각형 ABC의 꼭짓점 A에서 $\overline{BC}$ 또는 그 연장선 위에 내린 수선의 발을 H라 하고, ∠C의 크기에 따라 다음과 같이 세 경우로 나누어 제일 코사인법칙을 증명해 봅시다.

[증명]

① ∠C<90°일 때

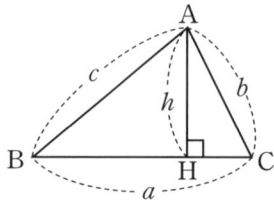

$\overline{BC}$의 길이는 $a = \overline{BH} + \overline{HC}$입니다. 이때 삼각형 ABH에서 $\cos B = \dfrac{\overline{BH}}{c}$이므로 $\overline{BH} = c\cos B$이고, 삼각형 AHC에서 $\cos C = \dfrac{\overline{CH}}{b}$이므로 $\overline{CH} = b\cos C$입니다. 따라서 $a = \overline{BH} + \overline{HC} = c\cos B + b\cos C$입니다.

② $\angle C > 90°$일 때

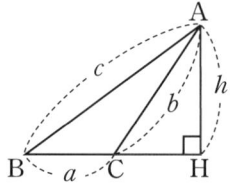

$\overline{BC}$의 길이는 $a = \overline{BH} - \overline{CH}$입니다. 이때 삼각형 ABH에서 $\cos B = \dfrac{\overline{BH}}{c}$이므로 $\overline{BH} = c\cos B$이고, 삼각형 ACH에서 $\cos(\angle ACH) = \dfrac{\overline{CH}}{b}$이므로 $\overline{CH} = b\cos(\angle ACH)$입니다.

여기서 ∠ACH=180°−∠C이므로 $a=\overline{BH}-\overline{CH}=c\cos B - b\cos(180°-∠C)$이고, 삼각함수의 성질에 의해 $-b\cos(180°-∠C)=b\cos C$가 됩니다. 따라서 $a=\overline{BH}-\overline{CH}=c\cos B + b\cos C$입니다.

> **Tip** $\pi \pm \theta$의 삼각함수
>
> $\sin(\pi+\theta)=-\sin\theta, \sin(\pi-\theta)=\sin\theta$
> $\cos(\pi+\theta)=-\cos\theta, \cos(\pi-\theta)=-\cos\theta$
> $\tan(\pi+\theta)=\tan\theta, \tan(\pi-\theta)=-\tan\theta$

③ ∠C=90°일 때

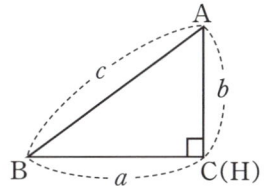

$\overline{BC}$의 길이는 a입니다. 이때 삼각형 ABC에서 $\cos B = \dfrac{a}{c}$이

므로 $a=c\cos B$이고, 삼각형 ABC에서 $\angle C=90°$이므로 $\cos C=0$입니다. 따라서 $a=c\cos B=c\cos B+b\cos C$입니다.

따라서 $\angle C$의 크기에 관계없이 $a=b\cos C+c\cos B$가 성립함을 알 수 있습니다. 같은 방법으로 $b=c\cos A+a\cos C$, $c=a\cos B+b\cos A$도 증명할 수 있습니다. 즉, 삼각형 ABC에서 세 변의 길이와 세 각의 코사인에 대하여 다음과 같은 제일 코사인법칙이 성립합니다.

제일 코사인법칙

$a=b\cos C+c\cos B$

$b=c\cos A+a\cos C$

$c=a\cos B+b\cos A$

제일 코사인법칙이 어렵나요? 제일 코사인법칙은 사실 법칙으로서 효용성이 적습니다. 앞에서 삼각형의 넓이를 구하기 위하여 높이를 구하는 데 사인의 값이 필요했습니다. 삼각형의 높이를 구하는 데 사인의 값을 특별히 외울 필요가 없듯이 제일 코사인법칙도 외우기보다는 도형에서 보조선을 활용해서 변의 길이를 코사인 값으로 나타내는 것이 좋습니다.

예를 들어 볼까요? 아래 지도에서 이진이가 살고 있는 지역에서는 B 지점과 C 지점을 잇는 다리 건설을 계획하고 있습니다. 이를 위해 아래 그림과 같이 거리와 각의 크기를 측정했습니다. 주어진 자료를 이용하여 B 지점과 C 지점 사이의 거리를 구해 봅시다.

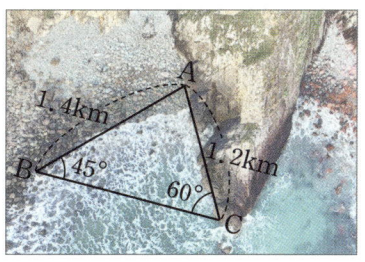

B 지점과 C 지점 사이의 거리를 구하기 위하여 점 A에서 $\overline{BC}$에 수선의 발을 내리고 이를 H라고 합시다.

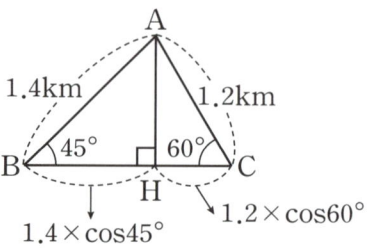

그러면 $\overline{BH}=1.4\times\cos45°$이고 $\overline{HC}=1.2\times\cos60°$입니다. 또한 $\cos45°=\dfrac{\sqrt{2}}{2}$이고 $\cos60°=\dfrac{1}{2}$이므로 $\overline{BC}=\overline{BH}+\overline{HC}=1.4\times\dfrac{\sqrt{2}}{2}+1.2\times\dfrac{1}{2}≒1.6$km입니다. 따라서 B 지점과 C 지점 사이의 거리는 1.6km입니다. 이처럼 제일 코사인법칙을 그냥 외우는 것보다는 보조선을 통해서 삼각비의 정의에서 찾아내는 연습을 하는 것이 좋습니다.

이번에는 제이 코사인법칙에 대해 알아볼까요? 여러분은 피타고라스의 정리에 의하여 삼각형 ABC에서 C<90°일 때, $c^2<a^2+b^2$임을 배웠습니다. 꼭짓점 ∠A에서 $\overline{BC}$에 내린 수선의 발을 H라 하고 $\overline{AH}=h, \overline{BH}=d$라고 합시다.

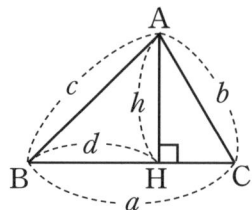

그러면 직각삼각형 ABH에서 피타고라스의 정리에 의하여 $c^2=d^2+h^2$(①)입니다. 그런데 $d^2<a^2$, $h^2<b^2$이므로 $d^2+h^2<a^2+b^2$(②)입니다. 따라서 ①과 ②에서 $c^2<a^2+b^2$이 됨을 알 수 있습니다. 그러면 정확히 c^2은 (a^2+b^2)보다 얼마나 작은 것일까요?

삼각형 ABC의 제일 코사인법칙을 써 봅시다.

$$a = b\cos C + c\cos B$$
$$b = c\cos A + a\cos C$$
$$c = a\cos B + b\cos A$$

위의 각 식의 양변에 차로 a, b, c를 곱하면 다음과 같습니다.

$$a^2 = ab\cos C + ac\cos B \quad \cdots\cdots \text{①}$$
$$b^2 = bc\cos A + ba\cos C \quad \cdots\cdots \text{②}$$
$$c^2 = ca\cos B + cb\cos A \quad \cdots\cdots \text{③}$$

여기서 ①-②-③을 계산하면 $a^2 - b^2 - c^2 = -2bc\cos A$가 되어 $a^2 = b^2 + c^2 - 2bc\cos A$임을 알 수 있습니다. 위와 같은 방법으로 $b^2 = c^2 + a^2 - 2ca\cos B$, $c^2 = a^2 + b^2 - 2ab\cos C$도 성립합니다. 따라서 삼각형 ABC에서 세 변의 길이와 세 각의 코사인에 대하여 다음과 같은 제이 코사인법칙이 성립합니다.

제이 코사인법칙

$$a^2 = b^2 + c^2 - 2bc\cos A$$
$$b^2 = c^2 + a^2 - 2ca\cos B$$
$$c^2 = a^2 + b^2 - 2ab\cos C$$

제이 코사인법칙은 현의 성질을 이용하여 증명할 수도 있습니다.

현의 성질

한 원의 두 현 AB, CD가 만나는 점을 P라고 할 때 다음과 같은 성질이 성립합니다.

$$\overline{PA} \cdot \overline{PB} = \overline{PC} \cdot \overline{PD}$$

아래 그림과 같은 삼각형 ABC가 있다고 합시다.

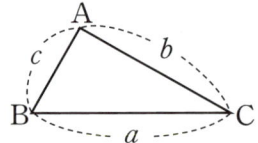

그림에서 점 B를 중심으로 하고 $\overline{BC}$를 반지름으로 하는 원을 그립니다. 이때, $\overline{BC}$의 연장선과 원이 만나는 점을 D, $\overline{AC}$의 연장선과 원이 만나는 점을 E, $\overline{AB}$의 연장선과 원이 만나는 점을 F와 G라고 합시다.

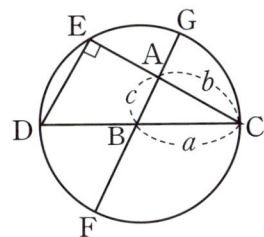

그러면 원의 두 현 $\overline{CE}, \overline{FG}$는 점 A에서 만나므로 현의 성질에 의해 $\overline{AE} \cdot \overline{AC} = \overline{AF} \cdot \overline{AG}$입니다.

이제 $\overline{AE}$, $\overline{AC}$, $\overline{AF}$, $\overline{AG}$에 대하여 생각해 봅시다. 우선 $\overline{BF} = \overline{BC} = a$이므로 $\overline{AF} = a+c$이고 $\overline{AG} = a-c$입니다. 여기서 ∠CED는 지름 $\overline{CD}$에 대한 원주각이므로, 원주각의 성질에 의하여 ∠CED$=90°$입니다.

또한 $\overline{BC} = a$이고 $\overline{CD} = 2a$이므로 삼각형 CDE에서 $\overline{CE} = \overline{CD} \cdot \cos C = 2a\cos C$입니다. 그리고 $\overline{AE} = \overline{CE} - \overline{AC} = 2a\cos C - b$입니다. 그러므로 $\overline{AE} \cdot \overline{AC} = \overline{AF} \cdot \overline{AG}$로부터 다음이 성립합니다.

$$(2a\cos C - b) \cdot b = (a+c)(a-c)$$
$$2ab\cos C - b^2 = a^2 - c^2$$

이를 정리하면 다음과 같은 제이 코사인법칙을 얻을 수 있습니다.

$$c^2 = a^2 + b^2 - 2ab\cos C$$

이와 같은 방법으로 $a^2 = b^2 + c^2 - 2bc\cos A$와 $b^2 = c^2 + a^2 - 2ca\cos B$도 이끌어 낼 수 있습니다.

위의 방법 이외의 다른 방법으로도 제이 코사인법칙을 증명할 수 있습니다. 다음 그림에서 삼각형 ABC의 꼭짓점 A에서 변 BC에 내린 수선의 발을 H라고 합시다. 삼각형 ACH에서 $\overline{AH} = b\sin C$, $\overline{CH} = b\cos C$입니다. 또한 $\overline{BH} = \overline{BC} - \overline{CH}$이므로 $\overline{BH} = a - b\cos C$입니다.

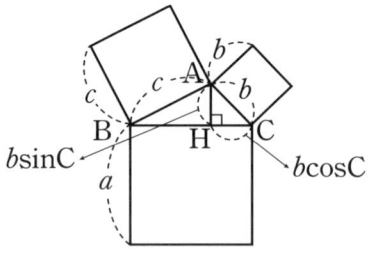

이제, 다음 그림과 같이 $\overline{AB}$를 빗변으로 하는 직각삼각형 ABH를 생각합시다.

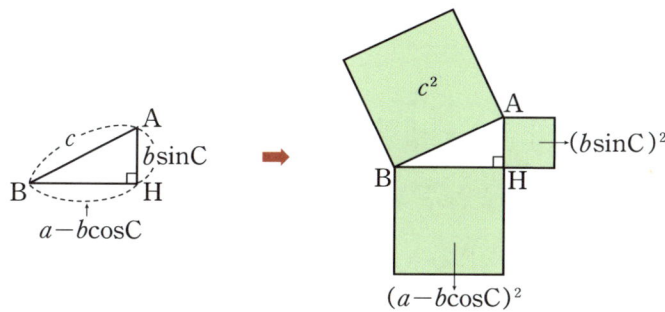

$\overline{AH} = b\sin C$이므로 $\overline{AH}$를 한 변으로 하는 정사각형의 넓이는 $(b\sin C)^2$이고, $\overline{BH} = a - b\cos C$이므로 $\overline{BH}$를 한 변으로 하는 정사각형의 넓이는 $(a - b\cos C)^2$입니다. 따라서 피타고라스의 정리에 의해 다음이 성립합니다.

$$\begin{aligned} c^2 &= (b\sin C)^2 + (a - b\cos C)^2 \\ &= b^2\sin^2 C + a^2 - 2ab\cos C + b^2\cos^2 C \\ &= a^2 + b^2(\sin^2 C + \cos^2 C) - 2ab\cos C \\ &= a^2 + b^2 - 2ab\cos C \end{aligned}$$

이와 같은 방법으로 $a^2=b^2+c^2-2bc\cos A$와 $b^2=c^2+a^2-2ca\cos B$도 이끌어 낼 수 있습니다. 정말 수학은 흥미롭지 않습니까? 이렇게 한 가지 법칙을 여러 방법으로 증명할 수 있으니까 말입니다.

자, 그럼 제이 코사인법칙을 이용하여 문제를 해결해 봅시다. 아래의 사진은 경주 보문관광단지 대형 물레방아에서 보문호까지의 거리를 잰 것입니다. 물레방아를 점 C라 하고 호수의 양 끝 점을 각각 A, B라 할 때, $\overline{AC}=1700\text{m}_{1.7\text{km}}$, $\overline{BC}=1300\text{m}_{1.3\text{km}}$일 때, 보문호 $\overline{AB}$의 길이는 얼마일까요?

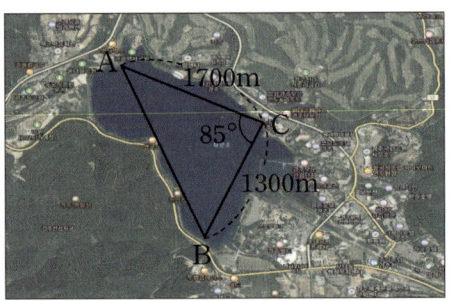

제이 코사인법칙에 의해 $x^2=1.3^2+1.7^2-2\times1.3\times1.7\cos85°$이고 $\cos85°=0.0872$이므로 $x^2=1.3^2+1.7^2-2\times1.3\times1.7\times0.0872=4.58-0.3854=4.1946$입니다. 따라서 $x=2.0481≒2\text{km}$입니다.

이렇게 제이 코사인법칙을 활용하면 삼각형에서 두 변과 그 끼인각의 크기를 알 때 나머지 한 변의 길이를 구할 수 있습니다. 또한 제이 코사인법칙을 활용하면 삼각형의 넓이도 구할 수 있습니다. 앞에서 삼각형의 넓이를 구하는 여러 방법에 대해 배웠습니다. 삼각형의 넓이를 구하는 또 다른 방법으로 제이 코사인법칙을 이용하는 것이 헤론Heron에 의해서 발견되었습니다. $S = \frac{1}{2}ab\sin C$는 두 변의 길이와 그 끼인각의 크기를 알면 삼각형의 넓이를 구할 수 있으므로, 삼각형의 결정 조건

쏙쏙 이해하기

삼각형의 결정 조건

삼각형은 다음과 같은 조건이 주어졌을 때, 하나의 삼각형으로 결정된다.
① 세 변의 길이가 주어졌을 때 SSS 결정 조건
② 두 변의 길이와 그 끼인각의 크기가 주어졌을 때 SAS 결정 조건
③ 한 변의 길이와 양 끝 각의 크기가 주어졌을 때 ASA 결정 조건

SAS에 대응하는 공식입니다. 또한 $S = \dfrac{a^2 \sin B \sin C}{2\sin(B+C)}$는 한 변의 길이와 양 끝 각의 크기가 주어지면 삼각형의 넓이를 구할 수 있으므로, 삼각형의 결정 조건 ASA에 대응하는 공식입니다. 그러면 삼각형의 결정 조건 SSS에 대응하는 삼각형의 넓이를 구하는 공식은 무엇일까요?

기원전 1세기경 알렉산드리아 수학자로 고대 바빌로니아와 이집트의 실용수학의 전통을 이어받은 헤론은 삼각형의 세 변의 길이를 알 때 삼각형의 넓이를 구하는 다음과 같은 공식을 만들었습니다. 삼각형 ABC에서 ∠A, ∠B, ∠C의 대변을 a, b, c라 합시다.

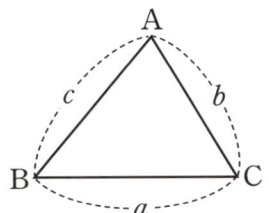

삼각비에 의하여 $\sin^2 A = 1 - \cos^2 A = (1 + \cos A)(1 + \cos A)$

임을 알 수 있습니다. 이때 제이 코사인법칙에 의하면 $a^2=b^2+c^2-2bc\cos A$이므로 $\sin^2 A = \left(1+\dfrac{b^2+c^2-a^2}{2bc}\right)\left(1-\dfrac{b^2+c^2-a^2}{2bc}\right)$
$=\dfrac{(a+b+c)(b+c-a)(a-b+c)(a+b-c)}{4b^2c^2}$

입니다.

여기서 $a+b+c=2s$라 하면 $b+c-a=2(s-a)$, $a-b+c=2(s-b)$, $a+b-c=2(s-c)$이므로 $\sin^2 A = \dfrac{16s(s-a)(s-b)(s-c)}{4b^2c^2}$입니다. 그런데 $\sin A > 0$이므로 $\sin A = \dfrac{2\sqrt{s(s-a)(s-b)(s-c)}}{bc}$가 됩니다. 따라서 삼각형의 넓이 S는 $S = \dfrac{1}{2}bc\sin A = \sqrt{s(s-a)(s-b)(s-c)}$로 구할 수 있습니다.

쏙쏙 이해하기

헤론의 공식

삼각형 ABC의 세 변의 길이가 a, b, c일 때, 넓이 S는
$S = \sqrt{s(s-a)(s-b)(s-c)}$ (단, $s = \dfrac{1}{2}(a+b+c)$)

앞의 헤론의 공식에 의하여 삼각형의 세 변의 길이가 주어지면 삼각형의 넓이를 쉽게 구할 수 있습니다. 삼각비의 법칙 중 제이 코사인법칙은 증명 방법이 다양하고 여러 곳에 활용되기 때문에 여러분이 좀 더 자세히 정리해 두는 것이 바람직합니다. 특히 어떤 조건에서 제일 코사인법칙과 제이 코사인법칙을 이용해야 할지 꼭 구별하기 바랍니다.

수업정리

❶ 삼각형 ABC에서 세 변의 길이와 세 각의 코사인에 대해 다음과 같은 제일 코사인법칙이 성립합니다.

$$a = b\cos C + c\cos B$$
$$b = c\cos A + a\cos C$$
$$c = a\cos B + b\cos A$$

❷ 삼각형 ABC에서 세 변의 길이와 세 각의 코사인에 대해 다음과 같은 제이 코사인법칙이 성립합니다.

$$a^2 = b^2 + c^2 - 2bc\cos A$$
$$b^2 = c^2 + a^2 - 2ca\cos B$$
$$c^2 = a^2 + b^2 - 2ab\cos C$$

❸ 헤론의 공식에 의하여 삼각형의 세 변의 길이가 주어지면 삼각형의 넓이를 쉽게 구할 수 있습니다. 즉, 삼각형 ABC의 세 변의 길이가 a, b, c일 때, 넓이 S는 다음과 같이 구할 수 있습니다.

$$S=\sqrt{s(s-a)(s-b)(s-c)} \quad (단, s=\frac{1}{2}(a+b+c))$$

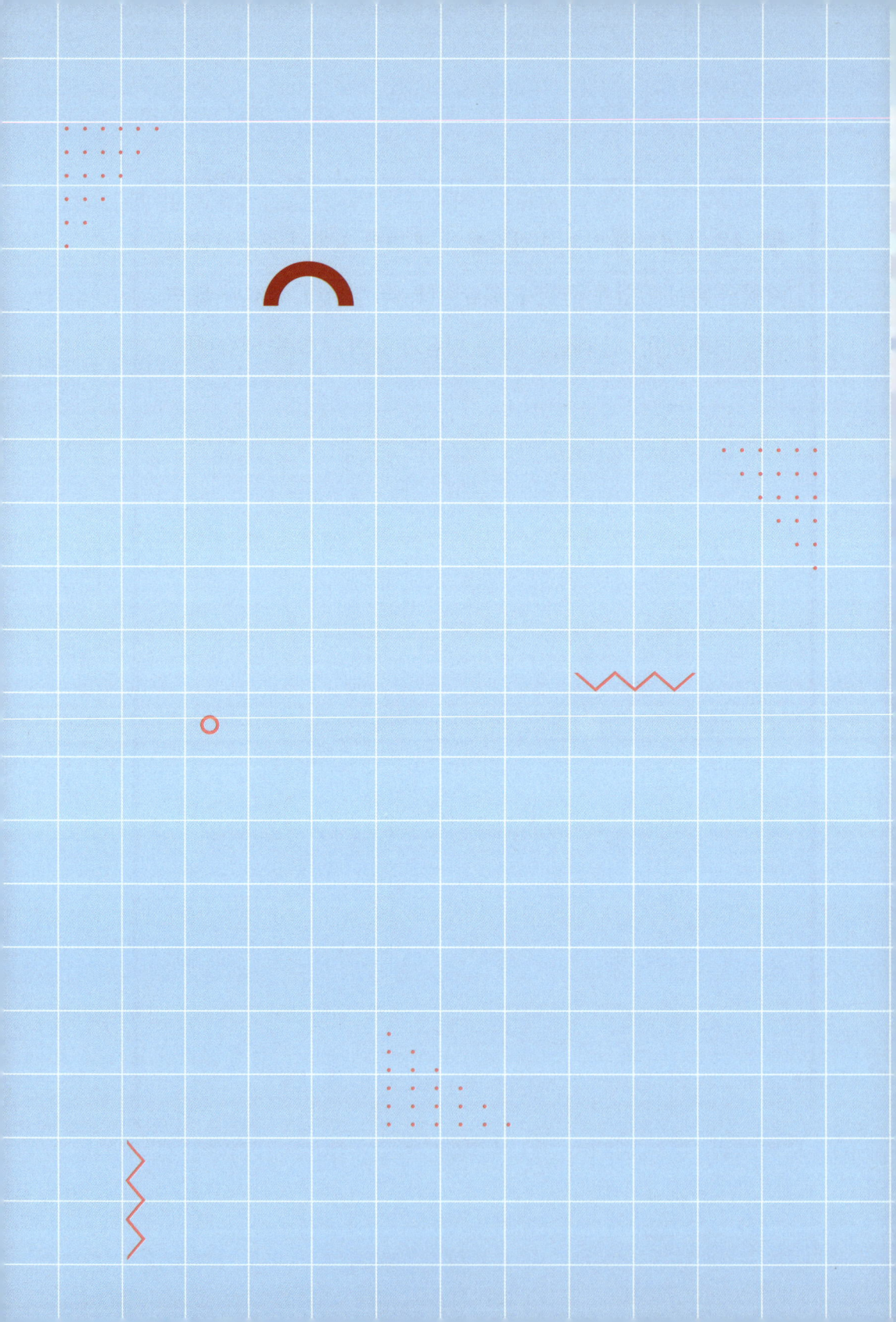

4교시

삼각함수의 덧셈정리

삼각함수의 덧셈정리를 이해하고, 덧셈정리를 활용하여 실생활에서 문제를 해결해 봅니다.

수업 목표

1. 삼각함수의 덧셈정리를 이해할 수 있습니다.
2. 삼각함수의 덧셈정리를 활용하여 실생활 문제를 해결할 수 있습니다.

미리 알면 좋아요

1. 삼각비의 관계
$\sin(-\alpha)=-\sin\alpha$, $\cos(-\alpha)=\cos\alpha$, $\tan(-\alpha)=-\tan\alpha$
$\tan\alpha=\dfrac{\sin\alpha}{\cos\alpha}$, $\sin^2\alpha+\cos^2\alpha=1$

2. 제이 코사인법칙 삼각형 ABC에서 세 변의 길이와 세 각의 코사인에 대하여 다음과 같은 제이 코사인법칙이 성립합니다.

$$a^2=b^2+c^2-2bc\cos A$$
$$b^2=c^2+a^2-2ca\cos B$$
$$c^2=a^2+b^2-2ab\cos C$$

3. 점과 점 사이의 거리 좌표평면 위에서 두 점을 $P(x_1, y_1)$와 $Q(x_2, y_2)$라 할 때, 두 점 사이의 거리는 $\overline{PQ}=\sqrt{(x_2-x_1)^2+(y_2-y_1)^2}$ 입니다.

4. 동경動徑 점의 위치를 표시할 때 기준이 되는 점으로부터 그 점까지 그은 직선을 벡터로 하는 선분을 말합니다.

프톨레마이오스의
네 번째 수업

　삼각형에서 특수각의 삼각비는 정삼각형과 정사각형에서 쉽게 유도할 수 있고 일반각의 삼각비는 삼각비의 표를 보고 알 수 있습니다. 만약 삼각비의 표가 없다면 일반각의 삼각비를 어떻게 알 수 있을까요? 물론 앞에서 배운 바와 같이 사분원을 그려서 하나하나 유도할 수도 있겠지만, 특정한 각 같은 경우 특수각의 합과 차로 일반각을 유도할 수 있습니다.

　α, β가 모두 양의 예각이고 ∠AOB=α, ∠COD=β라 합시

다. $(\alpha+\beta)$가 예각일 때, 아래 그림과 같이 $\overline{OD}=1$이 되게 점 D를 잡고, 점 D에서 x축에 내린 수선의 발을 E, 점 D에서 $\overline{OB}$에 내린 수선의 발을 C, 점 C에서 x축에 내린 수선의 발을 F라고 합시다.

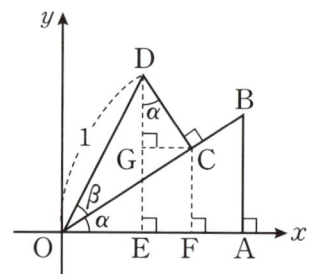

① $\sin(\alpha+\beta)$의 값 구하기

△ODE에서 $\sin(\alpha+\beta)$는 $\overline{DE}$입니다. 그런데 $\overline{DE}=\overline{DG}+\overline{GE}$이고 □GEFC가 직사각형이므로 $\overline{GE}=\overline{CF}$입니다. 따라서 $\overline{DG}=\overline{CD}\cos\alpha$이고 $\overline{CF}=\overline{OC}\sin\alpha$임을 알 수 있습니다. 즉, △ODE에서 $\overline{OD}=1$이므로 $\overline{CD}=\sin\beta$이고 $\overline{OC}=\cos\beta$입니다. 따라서 $\sin(\alpha+\beta)=\sin\beta\cos\alpha+\cos\beta\sin\alpha=\sin\alpha\cos\beta+\cos\alpha\sin\beta$입니다. 이것을 식으로 간단히 표현하면 다음과 같습니다.

$$\begin{aligned}\sin(\alpha+\beta)&=\overline{DE}\\&=\overline{DG}+\overline{GE}\\&=\overline{CD}\cos\alpha+\overline{OC}\sin\alpha \quad (\because \overline{GE}=\overline{CF})\\&=\sin\beta\cos\alpha+\cos\beta\sin\alpha\\&=\sin\alpha\cos\beta+\cos\alpha\sin\beta\end{aligned}$$

② $\cos(\alpha+\beta)$의 값 구하기

△ODE에서 $\cos(\alpha+\beta)$는 $\overline{OE}$입니다. 그런데 $\overline{OE}=\overline{OF}-\overline{EF}$이고 □GEFC가 직사각형이므로 $\overline{EF}=\overline{GC}$입니다. 따라

서 $\overline{OF}=\overline{OC}\cos\alpha$이고 $\overline{EF}=\overline{CD}\sin\alpha$임을 알 수 있습니다. 즉, △OCD에서 $\overline{OD}=1$이므로 $\overline{OC}=\cos\beta$이고 $\overline{CD}=\sin\beta$입니다. 따라서 $\cos(\alpha+\beta)=\cos\beta\cos\alpha-\sin\beta\sin\alpha=\cos\alpha\cos\beta-\sin\alpha\sin\beta$입니다. 이것을 식으로 간단히 표현하면 다음과 같습니다.

$$\begin{aligned}\cos(\alpha+\beta)&=\overline{OE}\\&=\overline{OF}-\overline{EF}\\&=\overline{OC}\cos\alpha-\overline{CD}\sin\alpha\quad(\because \overline{EF}=\overline{GC})\\&=\cos\beta\cos\alpha-\sin\beta\sin\alpha\\&=\cos\alpha\cos\beta-\sin\alpha\sin\beta\end{aligned}$$

③ $\tan(\alpha+\beta)$의 값 구하기

$\tan(\alpha+\beta)$의 값은 $\cos(\alpha+\beta)$와 $\sin(\alpha+\beta)$의 값에 의하여 간단히 구할 수 있습니다.

$$\begin{aligned}\tan(\alpha+\beta)&=\frac{\sin(\alpha+\beta)}{\cos(\alpha+\beta)}\\&=\frac{\sin\alpha\cos\beta+\cos\alpha\sin\beta}{\cos\alpha\cos\beta-\sin\alpha\sin\beta}\end{aligned}$$

$$= \frac{\dfrac{\sin\alpha}{\cos\alpha}+\dfrac{\sin\beta}{\cos\beta}}{1-\dfrac{\sin\alpha\sin\beta}{\cos\alpha\cos\beta}} \quad (\because \text{분자, 분모를 각각 } \cos\alpha\cos\beta \text{로 나눔})$$

$$= \frac{\tan\alpha+\tan\beta}{1-\tan\alpha\tan\beta}$$

이들 공식을 코사인, 사인, 탄젠트에 대한 **삼각함수의 덧셈정리**라고 합니다.

> **쏙쏙 이해하기**
>
> **삼각함수의 덧셈정리 1**
>
> $\sin(\alpha+\beta)=\sin\alpha\cos\beta+\cos\alpha\sin\beta$
>
> $\cos(\alpha+\beta)=\cos\alpha\cos\beta-\sin\alpha\sin\beta$
>
> $\tan(\alpha+\beta)=\dfrac{\tan\alpha+\tan\beta}{1-\tan\alpha\tan\beta}$

위의 덧셈정리에서 β 대신에 $-\beta$를 대입하면 $(\alpha-\beta)$에 관한 덧셈정리를 구할 수 있습니다.

$$\sin(\alpha-\beta) = \sin\alpha\cos(-\beta) + \cos\alpha\sin(-\beta)$$
$$= \sin\alpha\cos\beta - \cos\alpha\sin\beta$$
$$\cos(\alpha-\beta) = \cos\alpha\cos(-\beta) - \sin\alpha\sin(-\beta)$$
$$= \cos\alpha\cos\beta + \sin\alpha\sin\beta$$
$$\tan(\alpha-\beta) = \frac{\tan\alpha + \tan(-\beta)}{1 - \tan\alpha\tan(-\beta)}$$
$$= \frac{\tan\alpha - \tan\beta}{1 + \tan\alpha\tan\beta} \text{ 입니다.}$$

> **쏙쏙 이해하기**
>
> **삼각함수의 덧셈정리 2**
>
> $\sin(\alpha-\beta) = \sin\alpha\cos\beta - \cos\alpha\sin\beta$
> $\cos(\alpha-\beta) = \cos\alpha\cos\beta + \sin\alpha\sin\beta$
> $\tan(\alpha-\beta) = \dfrac{\tan\alpha - \tan\beta}{1 + \tan\alpha\tan\beta}$

삼각함수의 덧셈정리를 제이 코사인법칙을 이용하여 구할 수도 있습니다. 오른쪽 그림과 같이 좌표평면 위에서 각의 크기 α, β를 나타내는 동경과 원 $x^2+y^2=1$이 만나는 점을 각각 P, Q라고 하면 두 점의 좌표는 P(cos α, sin α), Q(cos α, sin β)입니다.

이때, △OPQ에서 제이 코사인법칙에 의하여 $\overline{PQ}^2 = \overline{OP}^2 + \overline{OQ}^2 - 2 \cdot \overline{OP} \cdot \overline{OQ} \cdot \cos(\angle POQ)$입니다.

여기서 $\overline{OP} = \overline{OQ} = 1$, $\angle POQ = \alpha - \beta$이므로 $\overline{PQ}^2 = 1 + 1 - 2 \cdot 1 \cdot \cos(\alpha - \beta)$입니다. 그러면 좌표평면 위에서 두 점 사이의 거리 공식에 의하여 $\overline{PQ}^2 = (\cos\alpha - \cos\beta)^2 + (\sin\alpha - \sin\beta)^2 = 2 - 2(\cos\alpha\cos\beta + \sin\alpha\sin\beta)$가 됨을 알 수 있습니다. 따라서 $2 - 2(\cos\alpha\cos\beta + \sin\alpha\sin\beta) = 1 + 1 - 2 \cdot 1 \cdot \cos(\alpha - \beta)$입니다.

정리하면 $\cos(\alpha - \beta) = \cos\alpha\cos\beta + \sin\alpha\sin\beta$가 됩니다.

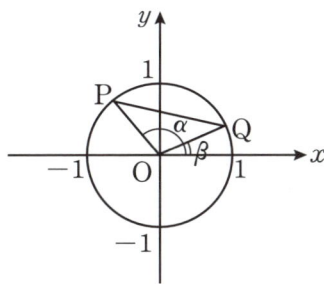

또한 $\sin\theta = \cos(\frac{\pi}{2} - \theta)$이므로 $\sin(\alpha + \beta) = \cos\{\frac{\pi}{2} - (\alpha + \beta)\} = \cos\{(\frac{\pi}{2} - \alpha) - \beta\} = \cos(\frac{\pi}{2} - \alpha)\cos\beta + \sin(\frac{\pi}{2} - \alpha)$

$\sin\beta = \sin\alpha\cos\beta + \cos\alpha\sin\beta$입니다. 따라서 $\sin(\alpha+\beta) = \sin\alpha\cos\beta + \cos\alpha\sin\beta$가 성립함을 알 수 있습니다. 나머지는 덧셈정리에서 β 대신에 $-\beta$를 대입하여 위와 같은 방법으로 유도할 수 있습니다. 위의 내용이 너무 딱딱하고 어렵죠?

"네, 공식이 하나둘도 아니고 어떤 공식을 어디에 써야 할지 막막해요."

공식만 계속 나오니 여러분이 이해하기 힘들 것 같네요. 그럼 예를 들어 보겠습니다. 여러분도 경우에 맞는 공식을 쓸 수 있도록 다양한 예를 통해서 연습하기 바랍니다.

75°는 일반각입니다. 그러나 일반각 75°는 2개의 특수각 45°와 30°의 합으로 나타낼 수 있습니다. 따라서 앞에서 배운 삼각형의 덧셈정리에 의하여 75°에 대한 sin75°, cos75°, tan75°의 값을 구할 수 있습니다. 물론 여러분이 특수각을 외우거나 유도할 수 있어야 가능한 일이지요.

특수각 삼각비	30°	45°	60°
sinA	$\frac{1}{2}$	$\frac{\sqrt{2}}{2}$	$\frac{\sqrt{3}}{2}$
cosA	$\frac{\sqrt{3}}{2}$	$\frac{\sqrt{2}}{2}$	$\frac{1}{2}$
tanA	$\frac{\sqrt{3}}{3}$	1	$\sqrt{3}$

$$\sin 75° = \sin 45° \cos 30° + \cos 45° \sin 30°$$
$$= \frac{\sqrt{2}}{2} \cdot \frac{\sqrt{3}}{2} + \frac{\sqrt{2}}{2} \cdot \frac{1}{2}$$
$$= \frac{\sqrt{6} + \sqrt{2}}{4}$$

$$\cos 75° = \cos 45° \cos 30° - \sin 45° \sin 30°$$
$$= \frac{\sqrt{2}}{2} \cdot \frac{\sqrt{3}}{2} - \frac{\sqrt{2}}{2} \cdot \frac{1}{2}$$
$$= \frac{\sqrt{6} - \sqrt{2}}{4}$$

$$\tan 75° = \frac{\tan 45° + \tan 30°}{1 - \tan 45° \tan 30°}$$
$$= \frac{1 + \frac{\sqrt{3}}{3}}{1 - 1 \cdot \frac{\sqrt{3}}{3}}$$
$$= \frac{3 + \sqrt{3}}{3 - \sqrt{3}}$$
$$= 2 + \sqrt{3}$$

일반각 75°뿐만 아니라 15°도 같은 방법으로 구할 수 있습니다. 스스로 해결해 보도록 하세요.

이제 좀 더 실생활에 가까운 문제를 생각해 봅시다. 해운대

동백섬의 입구를 한 점으로 하여 두 직선 도로가 만드는 삼각형 모양의 산책로에서 두 지점 P, R 사이의 거리가 60m, 두 지점 R, Q 사이의 거리가 100m이고 ∠PRQ=75°일 때, 이 공원의 넓이를 구해 봅시다.

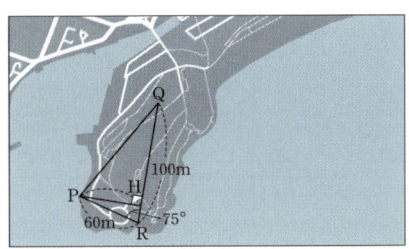

삼각형 PQR의 넓이를 구하기 위하여 우선 점 P에서 $\overline{QR}$에 수선의 발을 H라 합시다.

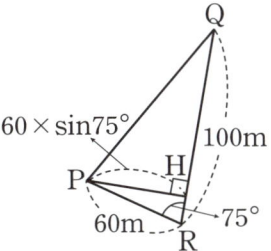

그러면 $\overline{PH}=60\times\sin75°$입니다. 그런데 $\sin75°$는 $\dfrac{\sqrt{6}+\sqrt{2}}{4}$

이므로 $\triangle PQR = \dfrac{1}{2} \times 60 \times 100 \times \sin 75° = 750(\sqrt{6}+\sqrt{2})$ 입니다.

삼각함수의 덧셈정리로 <mark>두 직선의 교각의 크기</mark>를 구할 수도 있습니다.

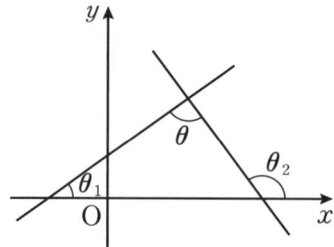

위의 그림에서 $\theta = \theta_2 - \theta_1$입니다. 따라서 두 직선이 x축과 양의 방향으로 이루는 각의 크기를 각각 θ_1, θ_2라고 하면 두 직선의 기울기는 각각 $\tan\theta_1 = m$, $\tan\theta_2 = m'$입니다. 두 직선이 이루는 예각을 θ라고 하면 다음 식이 성립합니다.

$$\tan\theta = \tan(\theta_2 - \theta_1) = \left| \dfrac{\tan\theta_1 - \tan\theta_2}{1 + \tan\theta_1 \tan\theta_2} \right|$$

따라서 기울기 m, m'인 두 직선이 이루는 예각을 θ라고 할 때, $\tan\theta = \left| \dfrac{m+m'}{1-mm'} \right|$임을 알 수 있습니다.

쏙쏙 이해하기

두 직선의 교각의 크기

두 직선이 x축과 양의 방향으로 이루는 각의 크기를 각각 θ_1, θ_2라고 하고, 두 직선이 이루는 예각을 θ라고 하면
$$\tan\theta = \tan(\theta_2 - \theta_1) = \left|\frac{\tan\theta_1 - \tan\theta_2}{1 + \tan\theta_1\tan\theta_2}\right|$$

기울기 m, m'인 두 직선이 이루는 예각을 θ라고 할 때,
$$\tan\theta = \left|\frac{m+m'}{1-mm'}\right|$$

이번 시간에서는 특수각을 더하고 빼서 구할 수 있는 일반각에 대하여 삼각함수의 덧셈정리를 활용하여 여러 가지 문제를 해결해 보았습니다. 다음 시간에는 같은 각에 대한 사인과 코사인 값을 하나로 나타내는 방법을 알아봅시다.

수업 정리

❶ 삼각함수의 덧셈정리

$\sin(\alpha+\beta)=\sin\alpha\cos\beta+\cos\alpha\sin\beta$

$\sin(\alpha-\beta)=\sin\alpha\cos\beta-\cos\alpha\sin\beta$

$\cos(\alpha+\beta)=\cos\alpha\cos\beta-\sin\alpha\sin\beta$

$\cos(\alpha-\beta)=\cos\alpha\cos\beta+\sin\alpha\sin\beta$

$\tan(\alpha+\beta)=\dfrac{\tan\alpha+\tan\beta}{1-\tan\alpha\tan\beta}$

$\tan(\alpha-\beta)=\dfrac{\tan\alpha-\tan\beta}{1+\tan\alpha\tan\beta}$

❷ 두 직선의 교각의 크기

두 직선이 x축과 양의 방향으로 이루는 각의 크기를 각각 θ_1, θ_2라고 하고, 두 직선이 이루는 예각을 θ라고 하면 $\tan\theta=\tan(\theta_2-\theta_1)=\left|\dfrac{\tan\theta_1-\tan\theta_2}{1+\tan\theta_1\tan\theta_2}\right|$입니다. 만약 기울기가 m, m'인 두 직선이 이루는 예각을 θ라고 하면, $\tan\theta=\left|\dfrac{m+m'}{1-mm'}\right|$입니다.

5교시

삼각함수의 합성

삼각함수의 합성을 해 보고, 최댓값과 최솟값을 구하는 방법에 대해 알아봅니다.

수업 목표

1. 삼각함수의 합성을 할 수 있습니다.
2. 삼각함수의 최댓값과 최솟값을 구할 수 있습니다.

미리 알면 좋아요

1. 삼각함수의 덧셈정리

$\sin(\alpha+\beta) = \sin\alpha\cos\beta + \cos\alpha\sin\beta$

$\cos(\alpha+\beta) = \cos\alpha\cos\beta - \sin\alpha\sin\beta$

$\tan(\alpha+\beta) = \dfrac{\tan\alpha + \tan\beta}{1 - \tan\alpha\tan\beta}$

2. 사인함수와 코사인함수의 성질

① 주기가 2π인 주기함수입니다.
② 최댓값은 1이고 최솟값은 -1입니다.
③ $y=\sin\theta$의 그래프는 원점에 대하여 대칭이고, $y=\cos\theta$의 그래프는 y축에 대하여 대칭입니다.
④ 정의역은 실수 전체의 집합이고, 치역은 $\{y \mid -1 \leq y \leq 1\}$입니다.

프톨레마이오스의 다섯 번째 수업

 앞 시간에서는 특수각의 합과 차로 나타낼 수 있는 일반각에 대한 삼각비의 값을 삼각함수의 덧셈정리에 의하여 구할 수 있었습니다. 만약 각에 대한 합과 차가 아닌 사인 값과 코사인 값에 대한 합과 차는 어떻게 구할 수 있을까요? 같은 각에 대한 사인과 코사인 값의 합은 새로운 형태로 표현이 가능합니다.

 만약 $(a\sin\theta_1 + b\cos\theta_2)$의 값을 구한다고 합시다. θ_1과 θ_2가 같다고 보장할 수 없기 때문에 우선 θ_1의 값에 의존하는 $\sin\theta_1$

의 최댓값은 1이고 최솟값은 -1입니다. 따라서 a가 양수일 때, $a\sin\theta_1$의 최댓값은 a이고 최솟값은 $-a$입니다. 마찬가지로 θ_2의 값에 의존하는 $\cos\theta_2$의 최댓값은 1이고 최솟값은 -1입니다. 따라서 b가 양수일 때, $b\cos\theta_2$의 최댓값은 b이고 최솟값은 $-b$입니다. 따라서 $(a\sin\theta_1+b\cos\theta_2)$의 최댓값은 $(a+b)$이고 최솟값은 $-(a+b)$입니다. 그러면 $(a\sin\theta+b\cos\theta)$와 같이 $\sin\theta$와 $\cos\theta$가 같은 각을 가지면 $(a\sin\theta+b\cos\theta)$의 값을 어떻게 구할까요?

   삼각함수의 덧셈정리를 이용하여 $(a\sin\theta+b\cos\theta)$인 꼴의 삼각비의 값을 $r\sin(\theta+\alpha)$(단, $r>0$, $0\leq\alpha<2\pi$) 꼴로 바꿀 수 있습니다. 이렇게 $r\sin(\theta+\alpha)$ 꼴로 바꾸면 θ에 의존해서 사인의 값이 변하기 때문에 사인과 코사인 2개의 값이 변하는 것보다 값의 특징을 알아내기 쉽습니다. 여러분 〈독수리 5형제〉라는 만화를 아나요? 지구 정복을 노리는 비밀 결사 알렉터에 맞서는 5명의 특공대의 활약을 그린 만화입니다. G-1호기부터 G-5호기의 5대의 머신이 각각 적과 맞서 싸울 때는 힘이 약하지만 합체하여 불사조로 변하면 천하무적입니다. 마찬가지로 $(a\sin\theta+b\cos\theta)$인 꼴의 삼각비의 값은 θ에 의해 $\sin\theta$와 $\cos\theta$

2개의 값이 변하지만 $r\sin(\theta+\alpha)$ 꼴로 바꾸게 되면 θ에 의해 $\sin(\theta+\alpha)$ 하나의 값만 변하기 때문에 특징을 파악하기 훨씬 쉬워집니다. 이제 좀 이해가 되나요? 그러면 $(a\sin\theta+b\cos\theta)$인 꼴의 삼각비의 값을 $r\sin(\theta+\alpha)$(단, $r>0$, $0\leq\alpha<2\pi$) 꼴로 바꾸는 좀 더 구체적인 방법을 알아보겠습니다.

($a\sin\theta + b\cos\theta$)인 꼴의 삼각비에서 아래 그림과 같이 좌표평면 위에 $\sin\theta$의 계수 a를 점 P의 x좌표에, $\cos\theta$의 계수 b를 점 P의 y좌표에 두고 점 $P(a, b)$를 잡습니다. $\overline{OP}$가 x축의 양의 방향과 이루는 각을 α라 하면, $\cos\alpha = \dfrac{a}{\sqrt{a^2+b^2}}$, $\sin\alpha = \dfrac{b}{\sqrt{a^2+b^2}}$ 입니다.

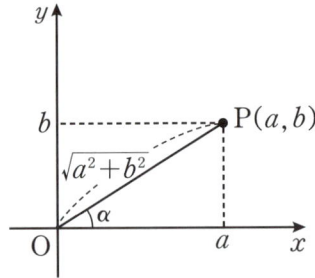

이 값을 이용하여 ($a\sin\theta + b\cos\theta$)를 다음과 같이 표현할 수

있습니다.

$$a\sin\theta + b\cos\theta = \sqrt{a^2+b^2}\left(\frac{a}{\sqrt{a^2+b^2}}\sin\theta + \frac{b}{\sqrt{a^2+b^2}}\cos\theta\right)$$
$$= \sqrt{a^2+b^2}(\cos\alpha\sin\theta + \sin\alpha\cos\theta)$$
$$= \sqrt{a^2+b^2}\sin\alpha(\theta+\alpha)$$

이때 최댓값은 $\sqrt{a^2+b^2}$이고 최솟값은 $-\sqrt{a^2+b^2}$입니다. 이와 같이 $(a\sin\theta+b\cos\theta)$인 꼴의 삼각함수를 $r\sin(\theta+\alpha)$인 꼴로 변형하는 것을 삼각함수의 합성이라 합니다.

쏙쏙 이해하기

삼각함수의 합성

$$a\sin\theta + b\cos\theta = \sqrt{a^2+b^2}\sin(\theta+\alpha)$$

(단, $\cos\alpha = \frac{a}{\sqrt{a^2+b^2}}$, $\frac{b}{\sqrt{a^2+b^2}}$, $\sin\alpha = \frac{b}{\sqrt{a^2+b^2}}$)

삼각함수의 합성은 그래프, 주기, 최댓값, 최솟값, 방정식, 부등식을 푸는 데 많이 쓰이므로 문제를 통해 충분히 익히는 것이 좋습니다. 따라서 $(a\sin\theta + b\cos\theta)$와 같이 하나의 각에 대한 사인 값과 코사인 값이 섞여 있는 경우에는 이를 삼각함수의 덧셈정리를 이용하여 하나의 값으로 나타낼 수가 있습니다.

$(\sin x + \cos x)$의 값을 구해 봅시다. 원점과 P(1, 1)을 이으면 길이가 $\sqrt{2}$이고 x축과의 교점이 45°인 $\overline{\text{OP}}$가 생깁니다.

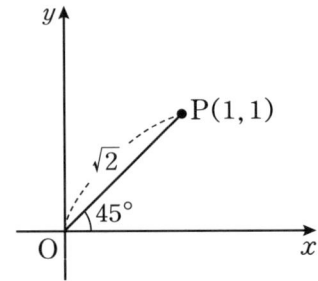

이때, $(\sin x + \cos x)$의 값은 다음과 같이 쓸 수 있습니다.

$$\sin x + \cos x = \sqrt{2}\left(\sin x \cdot \frac{1}{\sqrt{2}} + \cos x \cdot \frac{1}{\sqrt{2}}\right)$$
$$= \sqrt{2}\sin(x + 45°)$$

따라서 $\sin x + \cos x = \sqrt{2}\sin(x + 45°)$의 최댓값은 $\sqrt{2}$이고

최솟값은 $-\sqrt{2}$임을 알 수 있습니다.

또 다른 예를 하나 더 들어 볼까요? 이번에는 $(5\sin x + 8\cos x)$의 값을 구해 봅시다. 즉, 원점과 $P(5, 8)$을 이어야 하지요. 이때 $\overline{OP} = \sqrt{89}$가 됩니다. $\overline{OP}$가 x축과 이루는 각의 크기는 α라고 하죠.

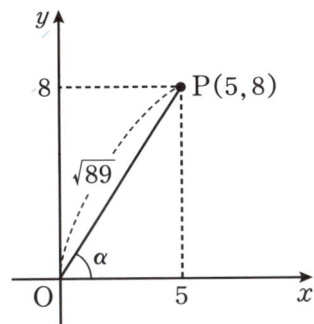

그러면 $(5\sin x + 8\cos x)$는 다음과 같이 쓸 수 있습니다.

$$5\sin x + 8\cos x = \sqrt{89}\left(\sin x \cdot \frac{5}{\sqrt{89}} + \cos x \cdot \frac{8}{\sqrt{89}}\right)$$

위의 식에서 $\sin\alpha = \frac{8}{\sqrt{89}}$, $\cos\alpha = \frac{5}{\sqrt{89}}$입니다. 이와 같이 α가 특수각이 아닌 경우에는 $\cos\alpha$와 $\sin\alpha$의 값을 이용하여 합성할 수 있습니다. 따라서 $(5\sin x + 8\cos x)$의 값은 $5\sin x + 8\cos x$

$$= \sqrt{89}(\sin x \cdot \frac{5}{\sqrt{89}} + \cos x \cdot \frac{8}{\sqrt{89}}) = \sqrt{89}\sin(x+\alpha)$$ 입니다. 즉, $(5\sin x + 8\cos x)$의 최댓값은 $\sqrt{89}$이고 최솟값은 $-\sqrt{89}$이지요.

이번에는 합성을 이용해 좀 더 일반적인 경우에 대하여 활용해 보겠습니다. 일정한 속도로 자전거를 탈 때, 지면에서의 페달의 높이는 주기적으로 변한다고 합니다. 한 학생이 자전거를 탈 때, 시간 t초에 대하여 변하는 페달의 높이 $y$cm는 다음과 같다고 합니다. 이때, 페달의 높이의 최댓값과 최솟값은 각각 얼마일까요?

$$y = \frac{15}{2}\sin\pi t - \frac{15\sqrt{3}}{2}\cos\pi t + 30$$

$\frac{15}{2}\sin\pi t$와 $\frac{15\sqrt{3}}{2}\cos\pi t$는 시간 t에 따라 변하므로 페달의 높이는 두 값을 합성하여 최댓값과 최솟값을 구하면 됩니다.

$$\begin{aligned} y &= \frac{15}{2}\sin\pi t - \frac{15\sqrt{3}}{2}\cos\pi t + 30 \\ &= 15\left(\frac{1}{2}\cdot\sin\pi t - \frac{\sqrt{3}}{2}\cdot\cos\pi t\right) + 30 \\ &= 15\left(\cos\left(-\frac{\pi}{3}\right)\cdot\sin\pi t + \sin\left(-\frac{\pi}{3}\right)\cdot\cos\pi t\right) + 30 \\ &= 15\left(\cos\frac{\pi}{3}\cdot\sin\pi t - \sin\frac{\pi}{3}\cdot\cos\pi t\right) + 30 \\ &= 15\sin\left(\pi t - \frac{\pi}{3}\right) + 30 \end{aligned}$$

따라서 페달의 높이의 최댓값은 45cm이고 최솟값은 15cm입니다.

이처럼 삼각함수의 합성은 같은 각에 대한 사인과 코사인의 값을 하나로 나타내어 최댓값과 최솟값을 쉽게 알 수 있습니다. 다음 시간에는 일반각 중 특수각의 배수와 약수에 해당하는 각에 대한 값을 구하는 방법에 대하여 알아봅시다.

수업정리

❶ $a\sin\theta+b\cos\theta$인 꼴의 삼각함수를 $r\sin(\theta+\alpha)$(단, $r>0$, $0\leq\alpha<2\pi$)인 꼴로 변형하는 것을 삼각함수의 합성이라 합니다.

$$a\sin\theta+b\cos\theta=\sqrt{a^2+b^2}\sin(\theta+\alpha)$$

(단, $\cos\alpha=\dfrac{a}{\sqrt{a^2+b^2}}$, $\sin\alpha=\dfrac{b}{\sqrt{a^2+b^2}}$)

❷ 삼각함수의 합성은 그래프, 주기, 최댓값, 최솟값, 방정식, 부등식을 푸는 데 많이 쓰입니다.

❸ α가 특수각이 아닌 경우에는 $\cos\alpha$와 $\sin\alpha$을 밝혀 주어 합성할 수 있습니다.

6교시

삼각함수의 배각, 반각의 공식

삼각함수의 배각, 반각의 공식에 대해 알아봅니다.

수업 목표

1. 삼각함수의 배각의 공식과 삼배각의 공식을 이해할 수 있습니다.
2. 삼각함수의 반각의 공식을 이해할 수 있습니다.

 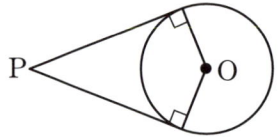

미리 알면 좋아요

1. **삼각함수의 덧셈정리**

$\sin(\alpha+\beta) = \sin\alpha\cos\beta + \cos\alpha\sin\beta$

$\cos(\alpha+\beta) = \cos\alpha\cos\beta - \sin\alpha\sin\beta$

$\tan(\alpha+\beta) = \dfrac{\tan\alpha + \tan\beta}{1 - \tan\alpha\tan\beta}$

2. 원 밖의 한 점에서 그은 원의 접선과 반지름은 **수직**입니다.

프톨레마이오스의 여섯 번째 수업

이번 시간에는 일반각 중 특수각의 배수와 약수에 해당하는 각에 대한 값을 구하는 방법에 대해 알아봅시다. 삼각함수의 덧셈정리는 다음과 같습니다.

$\sin(\alpha+\beta) = \sin\alpha\cos\beta + \cos\alpha\sin\beta$ ······ ①

$\cos(\alpha+\beta) = \cos\alpha\cos\beta - \sin\alpha\sin\beta$ ······ ②

$\tan(\alpha+\beta) = \dfrac{\tan\alpha + \tan\beta}{1 - \tan\alpha\tan\beta}$ ······ ③

①에서 β를 α로 놓으면 다음을 얻을 수 있습니다.

$$\sin(\alpha+\alpha)=\sin\alpha\cos\alpha+\cos\alpha\sin\alpha=2\sin\alpha\cos\alpha$$

따라서 $\sin2\alpha=2\sin\alpha\cos\alpha$입니다. ②에서 β를 α로 놓으면 다음을 얻을 수 있습니다.

$$\cos(\alpha+\alpha)=\cos\alpha\cos\alpha-\sin\alpha\sin\alpha$$
$$=\cos^2\alpha-\sin^2\alpha=2\cos^2\alpha-1=1-2\sin^2\alpha$$

따라서 $\cos2\alpha=\cos^2\alpha-\sin^2\alpha=2\cos^2\alpha-1=1-2\sin^2\alpha$입니다. ③에서 β를 α로 놓으면 다음을 얻을 수 있습니다.

$$\tan(\alpha+\alpha)=\frac{\tan\alpha+\tan\beta}{1-\tan\alpha\tan\beta}=\frac{2\tan\alpha}{1-\tan^2\alpha}$$

따라서 $\tan2\alpha=\dfrac{2\tan\alpha}{1-\tan^2\alpha}$입니다. 이와 같이 $\sin\alpha$, $\cos\alpha$, $\tan\alpha$의 값으로 $\sin2\alpha$, $\cos2\alpha$, $\tan2\alpha$의 값을 구해 낼 수 있는 공식을 배각의 공식이라 합니다.

배각의 공식

$$\sin 2\alpha = 2\sin\alpha\cos\alpha$$
$$\cos 2\alpha = \cos^2\alpha - \sin^2\alpha = 2\cos^2\alpha - 1 = 1 - 2\sin^2\alpha$$
$$\tan 2\alpha = \frac{2\tan\alpha}{1-\tan^2\alpha}$$

배각의 공식은 아래의 도형을 이용하여 증명할 수도 있습니다.

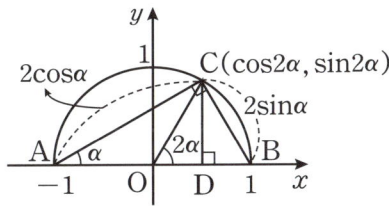

△ACD와 △ABC는 ∠A를 공통으로 하고 ∠C=∠D=90°이므로 닮음입니다. 따라서 각 변의 비례관계를 이용할 수 있습니다. $\dfrac{\overline{CD}}{\overline{AC}} = \dfrac{\overline{BC}}{\overline{AB}}$에서 $\dfrac{\sin 2\alpha}{2\cos\alpha} = \dfrac{2\sin\alpha}{2}$이므로 $\sin 2\alpha = 2\sin\alpha\cos\alpha$입니다. 그리고 $\dfrac{\overline{AD}}{\overline{AC}} = \dfrac{\overline{AC}}{\overline{AB}}$에서 $\dfrac{1+\cos 2\alpha}{2\cos\alpha} = \dfrac{2\cos\alpha}{2}$이므로 $\cos 2\alpha = 2\cos^2\alpha - 1$입니다. 또한 $\tan 2\alpha = \dfrac{\sin 2\alpha}{\cos 2\alpha}$임을 이용하여

배각의 공식 tan2α를 증명할 수 있습니다. 이건 여러분이 한번 증명해 보세요.

배각의 공식의 쉬운 예를 하나 들어 보겠습니다. α가 예각이고 $\sin α = \frac{3}{5}$일 때, $\sin 2α$, $\cos 2α$, $\tan 2α$의 값을 구해 봅시다. $0° < α < 90°$이므로 $\cos α > 0$입니다.

따라서 $\cos α = \sqrt{1 - \sin^2 α} = \sqrt{1 - \left(\frac{3}{5}\right)^2} = \frac{4}{5}$입니다. 그리고 $\tan α = \frac{\frac{3}{5}}{\frac{4}{5}} = \frac{3}{4}$입니다. 따라서 배각의 공식에 의하여 $\sin 2α = 2\sin α \cos α = 2 \cdot \frac{3}{5} \cdot \frac{4}{5} = \frac{24}{25}$, $\cos 2α = 2\cos^2 α - 1 = 2 \cdot \frac{16}{25} - 1 = \frac{7}{25}$, $\tan 2α = \frac{\frac{24}{25}}{\frac{7}{25}} = \frac{24}{7}$입니다.

또한 배각의 공식과 삼각함수의 덧셈정리를 결합하면 삼배각의 값을 구할 수 있습니다. 앞에서 배운 것을 기억하고 아래의 과정을 눈으로 천천히 따라가면 누구나 쉽게 이해할 수 있습니다.

$$\sin(α + 2α) = \sin α \cos 2α + \cos α \sin 2α$$
$$= \sin α (1 - 2\sin^2 α) + \cos α \cdot 2\sin α \cos α$$
$$= \sin α (1 - 2\sin^2 α) + 2\sin α (1 - \sin^2 α) = 3\sin α - 4\sin^3 α$$

$$\cos(\alpha+2\alpha)=\cos\alpha\cos2\alpha-\sin\alpha\sin2\alpha$$
$$=\cos\alpha(2\cos^2\alpha-1)-\sin\alpha(2\sin\alpha\cos\alpha)$$
$$=2\cos^3\alpha-\cos\alpha-2\sin^2\alpha\cos\alpha$$
$$=2\cos^3\alpha-\cos\alpha-2(1-\cos^2\alpha)\cos\alpha$$
$$=4\cos^3\alpha-3\cos\alpha$$

$$\tan(\alpha+2\alpha) = \frac{\tan\alpha + \tan 2\alpha}{1-\tan\alpha\tan 2\alpha} = \frac{\tan\alpha + \dfrac{2\tan\alpha}{1-\tan^2\alpha}}{1-\tan\alpha \cdot \dfrac{2\tan\alpha}{1-\tan^2\alpha}}$$

$$= \frac{\dfrac{\tan\alpha - \tan^2\alpha + 2\tan\alpha}{1-\tan^2\alpha}}{1-\dfrac{2\tan^2\alpha}{1-\tan^2\alpha}} = \frac{\dfrac{\tan\alpha - \tan^3\alpha + 2\tan\alpha}{1-\tan^2\alpha}}{\dfrac{1-\tan^2\alpha - 2\tan^2\alpha}{1-\tan^2\alpha}}$$

$$= \frac{\dfrac{3\tan\alpha - \tan^3\alpha}{1-\tan^2\alpha}}{\dfrac{1-3\tan^2\alpha}{1-\tan^2\alpha}} = \frac{3\tan\alpha - \tan^3\alpha}{1-3\tan^2\alpha}$$

쏙쏙 이해하기

삼배각의 공식

$$\sin 3\alpha = 3\sin\alpha - 4\sin^3\alpha$$

$$\cos 3\alpha = 4\cos^3\alpha - 3\cos\alpha$$

$$\tan 3\alpha = \frac{3\tan\alpha - \tan^3\alpha}{1-3\tan^2\alpha}$$

삼배각 공식의 쉬운 예를 하나 들어보겠습니다. α가 예각이고 $\sin\alpha = \dfrac{4}{5}$일 때, $\sin3\alpha$, $\cos3\alpha$, $\tan3\alpha$의 값을 구해 봅시다. $0° < \alpha < 90°$이므로 $\cos\alpha > 0$입니다.

따라서 $\cos\alpha = \sqrt{1-\sin^2\alpha} = \sqrt{1-\left(\dfrac{4}{5}\right)^2} = \dfrac{3}{5}$, $\tan\alpha = \dfrac{\sin\alpha}{\cos\alpha} = \dfrac{3}{4}$입니다.

즉, $\sin3\alpha = 3\sin\alpha - 4\sin^3\alpha = 3 \cdot \dfrac{4}{5} - 4 \cdot \left(\dfrac{4}{5}\right)^3 = \dfrac{44}{125}$, $\cos3\alpha = 4\cos^3\alpha - 3\cos\alpha = 4 \cdot \left(\dfrac{3}{5}\right)^3 - 3 \cdot \dfrac{3}{5} = -\dfrac{117}{125}$, $\tan3\alpha = \dfrac{\sin3\alpha}{\cos3\alpha} = -\dfrac{44}{117}$입니다.

삼배각의 공식은 배각의 공식과 달리 사인은 사인으로만 코사인은 코사인으로만 식이 구성되어 있습니다. 또한 삼배각의 공식을 이용하면 삼차식을 일차식으로 나타낼 수가 있습니다.

$$\sin^3\alpha = \dfrac{3\sin\alpha - \sin3\alpha}{4}$$
$$\cos^3\alpha = \dfrac{3\cos\alpha + \cos3\alpha}{4}$$

이는 적분 등에서 유용하게 이용되니 기억해 두면 좋겠지요. 또한 배각의 공식을 조금 변형하면 새로운 공식을 유도할 수도 있습니다.

$$\cos 2\alpha = 1 - 2\sin^2 \alpha \;\Rightarrow\; \sin^2 \alpha = \frac{1-\cos 2\alpha}{2}$$
$$\cos 2\alpha = 2\cos^2 \alpha - 1 \;\Rightarrow\; \cos^2 \alpha = \frac{1+\cos 2\alpha}{2}$$

위의 두 식에 α 대신 $\frac{\alpha}{2}$를 대입하면, 반각의 공식 $\sin^2 \frac{\alpha}{2} = \frac{1-\cos 2\alpha}{2}$, $\cos^2 \frac{\alpha}{2} = \frac{1+\cos 2\alpha}{2}$, $\tan^2 \frac{\alpha}{2} = \frac{1-\cos \alpha}{1+\cos \alpha}$를 얻을 수 있습니다.

쏙쏙 이해하기

반각의 공식

$$\sin^2 \frac{\alpha}{2} = \frac{1-\cos 2\alpha}{2}$$
$$\cos^2 \frac{\alpha}{2} = \frac{1+\cos 2\alpha}{2}$$
$$\tan^2 \frac{\alpha}{2} = \frac{1-\cos \alpha}{1+\cos \alpha}$$

반각의 공식은 모두 코사인으로만 정의됩니다. 또한 삼각함수의 제곱식을 일차식으로 고쳐 주는 공식이 반각의 공식으로 적분에서 많이 이용됩니다. 반각의 공식은 오른쪽의 도형을 이용하여 증명할 수도 있습니다.

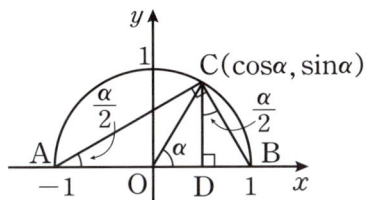

△ADC에서 $\tan\dfrac{\alpha}{2}=\dfrac{\sin\alpha}{1+\cos\alpha}$ 입니다.

또한 $\tan\dfrac{\alpha}{2}=\dfrac{\sin\dfrac{\alpha}{2}}{\cos\dfrac{\alpha}{2}}$ 이므로 $\dfrac{\sin\dfrac{\alpha}{2}}{\cos\dfrac{\alpha}{2}}=\dfrac{2\sin\dfrac{\alpha}{2}\cos\dfrac{\alpha}{2}}{1+\cos\alpha}$ 입니다.

따라서 $\cos^2\dfrac{\alpha}{2}=\dfrac{1+\cos\alpha}{2}$ 를 얻을 수 있습니다. 이번에는 △BCD를 살펴볼까요? △BCD에서 $\tan\dfrac{\alpha}{2}=\dfrac{1-\cos\alpha}{\sin\alpha}$ 입니다.

또한 $\tan\dfrac{\alpha}{2}=\dfrac{\sin\dfrac{\alpha}{2}}{\cos\dfrac{\alpha}{2}}$ 이므로 $\dfrac{\sin\dfrac{\alpha}{2}}{\cos\dfrac{\alpha}{2}}=\dfrac{1-\cos\alpha}{2\sin\dfrac{\alpha}{2}\cos\dfrac{\alpha}{2}}$ 입니다.

따라서 $\sin^2\dfrac{\alpha}{2}=\dfrac{1-\cos\alpha}{2}$ 를 얻을 수 있습니다.

반각의 공식의 쉬운 예를 하나 들어 보겠습니다. sin22.5°,

cos22.5°, tan22.5°의 값을 구해 봅시다.

$\sin^2 22.5° = \dfrac{1-\cos 45°}{2} = \dfrac{2-\sqrt{2}}{4}$ 이므로 $\sin 22.5° = \dfrac{\sqrt{2-\sqrt{2}}}{2}$ 입니다. $\cos^2 22.5° = \dfrac{1+\cos 45°}{2} = \dfrac{2+\sqrt{2}}{4}$ 이므로 $\cos 22.5° = \dfrac{\sqrt{2+\sqrt{2}}}{2}$ 입니다. $\tan^2 22.5° = \dfrac{\sin 22.5°}{\cos 22.5°} = \sqrt{\dfrac{2-\sqrt{2}}{2+\sqrt{2}}} = \sqrt{2}-1$ 입니다.

 반각의 공식에 대하여 좀 더 일반적인 경우의 예를 들어 보겠습니다. 지면으로부터 3600km 상공에서 지구 둘레를 회전하는 인공위성이 있습니다. 아래 그림과 같이 이 인공위성에서 발사되는 전파를 지구에서 수신할 수 있는 범위의 각의 크기를 θ라고 할 때, $\cos\theta$의 값을 구해 봅시다. 지구의 반지름의 길이는 약 6400km입니다.

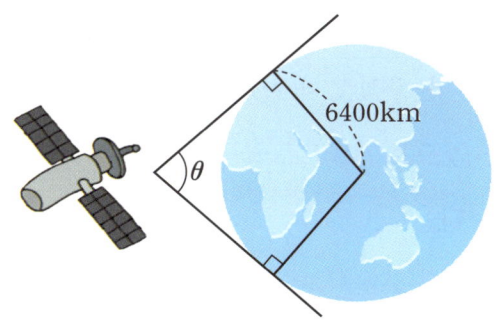

프톨레마이오스의 여섯 번째 수업 127

그림에서 인공위성과 지구의 중심을 연결하여 직각삼각형을 만들어 봅시다.

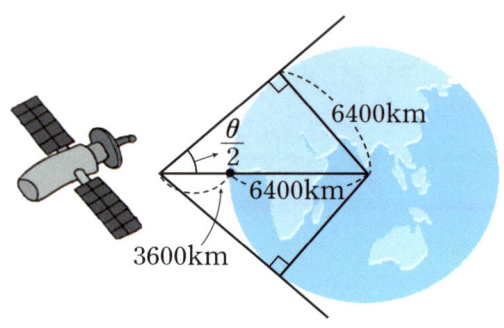

$\cos\theta = 1 - 2\sin^2\dfrac{\theta}{2}$ 입니다. 따라서 $\sin\dfrac{\theta}{2}$의 값만 구하면 쉽게 문제를 해결할 수 있습니다. $\sin\dfrac{\theta}{2} = \dfrac{6400}{3600+6400} = \dfrac{16}{25}$ 이므로 $\cos\theta = 1 - 2\sin^2\dfrac{\theta}{2} = 1 - 2 \cdot \left(\dfrac{16}{25}\right)^2 = \dfrac{113}{625}$ 입니다.

이처럼 θ에 대하여 직접적인 $\cos\theta$를 구할 수는 없지만 반각의 공식을 이용하여 여러 계산을 할 수 있습니다. 물론 배각의 공식과 삼배각의 공식도 마찬가지입니다. 다음 시간에는 삼각함수의 합을 곱으로 그리고 곱을 합으로 고치는 공식에 대해 알아보겠습니다.

수업정리

❶ 배각의 공식

$\sin 2\alpha = 2\sin\alpha\cos\alpha$

$\cos 2\alpha = \cos^2\alpha - \sin^2\alpha = 2\cos^2\alpha - 1 = 1 - 2\sin^2\alpha$

$\tan 2\alpha = \dfrac{2\tan\alpha}{1-\tan^2\alpha}$

❷ 삼배각의 공식

$\sin 3\alpha = 3\sin\alpha - 4\sin^3\alpha$

$\cos 3\alpha = 4\cos^3\alpha - 3\cos\alpha$

$\tan 3\alpha = \dfrac{3\tan\alpha - \tan^3\alpha}{1 - 3\tan^2\alpha}$

삼배각의 공식은 사인은 사인으로만, 코사인은 코사인으로만 식이 구성되어 있습니다. 또한 삼배각의 공식을 이용하면 삼차식을 일차식으로 나타낼 수가 있어 적분 등에서 유용하게 이용됩니다.

❸ 반각의 공식

$$\sin^2\frac{\alpha}{2}=\frac{1-\cos2\theta}{2}$$

$$\cos^2\frac{\alpha}{2}=\frac{1+\cos2\theta}{2}$$

$$\tan^2\frac{\alpha}{2}=\frac{1-\cos\alpha}{1+\cos\alpha}$$

반각의 공식은 모두 코사인으로만 정의됩니다. 또한 삼각함수의 제곱식을 일차식으로 고쳐 주는 공식이 반각의 공식으로 적분에서 많이 이용됩니다.

7교시

곱을 합차로, 합차를 곱으로 고치는 공식

곱을 합차로, 합차를 곱으로 고치는 공식을 알아봅니다.

수업 목표

1. 곱을 합 또는 차로 고치는 공식을 이해할 수 있습니다.
2. 합 또는 차를 곱으로 고치는 공식을 이해할 수 있습니다.

미리 알면 좋아요

1. 삼각함수의 덧셈정리

$\sin(\alpha+\beta)=\sin\alpha\cos\beta+\cos\alpha\sin\beta$

$\cos(\alpha+\beta)=\cos\alpha\cos\beta-\sin\alpha\sin\beta$

$\tan(\alpha+\beta)=\dfrac{\tan\alpha+\tan\beta}{1-\tan\alpha\tan\beta}$

2. 배각의 공식

$\sin2\alpha=2\sin\alpha\cos\alpha$

$\cos2\alpha=\cos^2\alpha-\sin^2\alpha=2\cos^2\alpha-1=1-2\sin^2\alpha$

$\tan2\alpha=\dfrac{2\tan\alpha}{1-\tan^2\alpha}$

3. 반각의 공식

$\sin^2\dfrac{\alpha}{2}=\dfrac{1-\cos\alpha}{2}$

$\cos^2\dfrac{\alpha}{2}=\dfrac{1+\cos\alpha}{2}$

$\tan^2\dfrac{\alpha}{2}=\dfrac{1-\cos\alpha}{1+\cos\alpha}$

프톨레마이오스의
일곱 번째 수업

　삼각함수의 식을 계산하다 보면 두 삼각함수의 곱의 계산은 불가능하지만 곱을 합과 차로 고치면 계산이 가능한 경우가 있습니다. 이와 반대로 두 삼각함수의 합과 차의 계산은 불가능하지만 곱으로 고치면 계산이 가능한 경우가 있습니다. 이처럼 계속적으로 공식을 유도하고 외우는 이유는, 계산이 불가능한 삼각함수의 값을 어떻게든 계산이 가능한 모양으로 또는 쉽게 접근할 수 있는 형태로 바꾸기 위해서입니다.

이번에는 삼각함수의 덧셈정리를 이용하여 사인의 곱을 합 또는 차의 꼴로 나타내어 봅시다.

$$\sin(\alpha+\beta) = \sin\alpha\cos\beta + \cos\alpha\sin\beta \ \cdots\cdots \ ①$$
$$\sin(\alpha-\beta) = \sin\alpha\cos\beta - \cos\alpha\sin\beta \ \cdots\cdots \ ②$$

①과 ②의 합과 차를 각각 계산하면 다음과 같습니다.

합 : $① + ② = \sin(\alpha+\beta) + \sin(\alpha-\beta) = 2\sin\alpha\cos\beta$
$$\sin\alpha\cos\beta = \frac{1}{2}\{\sin(\alpha+\beta) + \sin(\alpha-\beta)\}$$
차 : $① - ② = \sin(\alpha+\beta) - \sin(\alpha-\beta) = 2\cos\alpha\sin\beta$
$$\cos\alpha\sin\beta = \frac{1}{2}\{\sin(\alpha+\beta) - \sin(\alpha-\beta)\}$$

마찬가지 방법으로 삼각함수의 덧셈정리를 이용하여 코사인의 곱을 합 또는 차의 꼴로 나타내어 봅시다.

$$\cos(\alpha+\beta) = \cos\alpha\cos\beta - \sin\alpha\sin\beta \ \cdots\cdots \ ③$$
$$\cos(\alpha-\beta) = \cos\alpha\cos\beta + \sin\alpha\sin\beta \ \cdots\cdots \ ④$$

③과 ④의 합과 차를 각각 계산하면 다음과 같습니다.

합 : ③+④$=\cos(\alpha+\beta)+\cos(\alpha-\beta)=2\cos\alpha\cos\beta$
$\cos\alpha\cos\beta=\dfrac{1}{2}\{\cos(\alpha+\beta)+\cos(\alpha-\beta)\}$

차 : ③－④$=\cos(\alpha+\beta)-\cos(\alpha-\beta)=-2\sin\alpha\sin\beta$
$\sin\alpha\sin\beta=-\dfrac{1}{2}\{\cos(\alpha+\beta)-\cos(\alpha-\beta)\}$

쏙쏙 이해하기

곱을 합 또는 차로 고치는 공식

$$\sin\alpha\cos\beta=\dfrac{1}{2}\{\sin(\alpha+\beta)+\sin(\alpha-\beta)\}$$
$$\cos\alpha\sin\beta=\dfrac{1}{2}\{\sin(\alpha+\beta)-\sin(\alpha-\beta)\}$$
$$\cos\alpha\cos\beta=\dfrac{1}{2}\{\cos(\alpha+\beta)+\cos(\alpha-\beta)\}$$
$$\sin\alpha\sin\beta=-\dfrac{1}{2}\{\cos(\alpha+\beta)-\cos(\alpha-\beta)\}$$

곱을 합 또는 차로 고치는 공식을 자세히 보면 사인과 코사인이 섞여 있는 곱은 사인의 합 또는 차로 분해되고, 사인은 사인끼리, 코사인은 코사인끼리 곱해진 것은 코사인의 합 또는 차로 분해된다는 것을 알 수 있습니다.

주의해야 하는 것은 $\sin\alpha\cos\beta = \frac{1}{2}\{\sin(\alpha+\beta)+\sin(\alpha-\beta)\}$ 와 사인의 배각의 공식을 혼동하는 경우로 사인의 배각의 공식은 $\alpha=\beta$인 경우 $2\sin\alpha\cos\beta=\sin2\alpha$이고 $\alpha\neq\beta$라고 생각하면 혼동을 피할 수 있습니다. 즉, 배각의 공식은 위 공식의 특수한 경우라고 볼 수 있습니다. 또한 $\cos\alpha\cos\beta=\frac{1}{2}\{\cos(\alpha+\beta)+\cos(\alpha-\beta)\}$에서 $\alpha=\beta$인 경우 $\cos^2\alpha=\frac{\cos2\alpha+1}{2}$이 바로 코사인의 반각의 공식이고 $\sin\alpha\sin\beta=-\frac{1}{2}\{\cos(\alpha+\beta)-\cos(\alpha-\beta)\}$에서 $\alpha=\beta$인 경우 $\sin^2\alpha=\frac{1-\cos2\alpha}{2}$가 바로 사인의 반각의 공식입니다. 이러한 공식들은 적분에서 많이 활용됩니다. 공식 사이의 관계가 어렵습니까?

"네, 공식들을 외우기도 어렵고 이들 사이의 관계는 더더욱 어려워요."

네 맞습니다. 사실 공식 사이의 관계는 그렇게 중요하지 않습니다. 다만 공식 사이에 이런 관계가 있다는 것을 여러분에게 설명하면서 공식을 한 번 더 설명하기 위함입니다. 여러분은 공식 사이에 여러 관계가 있구나 생각하고 넘어가면 됩니다.

앞에서 배운 곱을 합 또는 차로 고치는 공식을 사용하는 문제를 해결해 봅시다.

> **쏙쏙 문제 풀기**
>
> ① $\sin 75°\cos 15°$
>
> ② $\cos 75°\sin 15°$
>
> ③ $\cos 75°\cos 15°$
>
> ④ $\sin 75°\sin 15°$

①은 공식 $\sin\alpha\cos\beta=\dfrac{1}{2}\{\sin(\alpha+\beta)+\sin(\alpha-\beta)\}$를 사용하여 해결할 수 있는 예로 $\sin 75°\cos 15°=\dfrac{1}{2}\{\sin(75°+15°)+\sin(75°-15°)\}=\dfrac{2+\sqrt{3}}{4}$임을 알 수 있습니다.

②는 공식 $\cos\alpha\sin\beta=\dfrac{1}{2}\{\sin(\alpha+\beta)-\sin(\alpha-\beta)\}$의 예로 $\cos 75°\sin 15°=\dfrac{1}{2}\{\sin(75°+15°)-\sin(75°-15°)\}=\dfrac{2-\sqrt{3}}{4}$ 입니다.

③은 공식 $\cos\alpha\cos\beta=\dfrac{1}{2}\{\cos(\alpha+\beta)+\cos(\alpha-\beta)\}$로 해결할 수 있으며 $\cos 75°\cos 15°=\dfrac{1}{2}\{\cos(75°+15°)+\cos(75°-15°)\}=\dfrac{1}{4}$임을 알 수 있습니다.

④는 공식 $\sin\alpha\sin\beta=-\dfrac{1}{2}\{\cos(\alpha+\beta)-\cos(\alpha-\beta)\}$의 예로 $\sin 75°\sin 15°=-\dfrac{1}{2}\{\cos(75°+15°)-\cos(75°-15°)\}=\dfrac{1}{4}$ 입니다.

또한 삼각함수의 덧셈정리를 이용하여 곱의 형태로 되어 있는 삼각함수의 값을 합 또는 차의 형태로 고칠 수 있듯이 합 또는 차의 형태로 되어 있는 삼각함수의 값을 조금 변형하면 곱의 형태로 고칠 수 있습니다. 곱을 합, 차로 고치는 공식을 써 보겠습니다.

$$\sin\alpha\cos\beta = \frac{1}{2}\{\sin(\alpha+\beta)+\sin(\alpha-\beta)\} \quad \cdots\cdots ①$$
$$\cos\alpha\sin\beta = \frac{1}{2}\{\sin(\alpha+\beta)-\sin(\alpha-\beta)\} \quad \cdots\cdots ②$$
$$\cos\alpha\cos\beta = \frac{1}{2}\{\cos(\alpha+\beta)+\cos(\alpha-\beta)\} \quad \cdots\cdots ③$$
$$\sin\alpha\sin\beta = -\frac{1}{2}\{\cos(\alpha+\beta)-\cos(\alpha-\beta)\} \quad \cdots\cdots ④$$

이 공식에서 $\alpha+\beta=A$, $\alpha-\beta=B$라 하면 $\alpha=\frac{A+B}{2}$, $\beta=\frac{A-B}{2}$입니다. 이제 이 값을 각 공식에 대입해 보도록 하죠.

① : $\sin\frac{A+B}{2}\cos\frac{A-B}{2}$
$= \frac{1}{2}\left\{\sin\left(\frac{A+B}{2}+\frac{A-B}{2}\right)+\sin\left(\frac{A+B}{2}-\frac{A-B}{2}\right)\right\}$
$= \frac{1}{2}(\sin A + \sin B)$

② : $\cos\dfrac{A+B}{2}\sin\dfrac{A-B}{2}$

$=\dfrac{1}{2}\left\{\sin\left(\dfrac{A+B}{2}+\dfrac{A-B}{2}\right)-\sin\left(\dfrac{A+B}{2}-\dfrac{A-B}{2}\right)\right\}$

$=\dfrac{1}{2}(\sin A-\sin B)$

③ : $\cos\dfrac{A+B}{2}\cos\dfrac{A-B}{2}$

$=\dfrac{1}{2}\left\{\cos\left(\dfrac{A+B}{2}+\dfrac{A-B}{2}\right)+\cos\left(\dfrac{A+B}{2}-\dfrac{A-B}{2}\right)\right\}$

$=\dfrac{1}{2}(\cos A+\cos B)$

④ : $\sin\dfrac{A+B}{2}\sin\dfrac{A-B}{2}$

$=-\dfrac{1}{2}\left\{\cos\left(\dfrac{A+B}{2}+\dfrac{A-B}{2}\right)-\cos\left(\dfrac{A+B}{2}+\dfrac{A-B}{2}\right)\right\}$

$=-\dfrac{1}{2}(\cos A-\cos B)$

위의 식을 정리하면 다음과 같습니다.

합 또는 차를 곱으로 고치는 공식

$$\sin A + \sin B = 2\sin\frac{A+B}{2}\cos\frac{A-B}{2}$$

$$\sin A - \sin B = 2\cos\frac{A+B}{2}\sin\frac{A-B}{2}$$

$$\cos A + \cos B = 2\cos\frac{A+B}{2}\cos\frac{A-B}{2}$$

$$\cos A - \cos B = -2\sin\frac{A+B}{2}\sin\frac{A-B}{2}$$

합 또는 차를 곱으로 고치는 공식을 자세히 보면 사인끼리의 합 또는 차는 사인과 코사인의 곱으로 변하고 코사인끼리의 합은 코사인끼리의 곱으로, 코사인끼리의 차는 사인끼리의 곱으로 분해됩니다.

만약 $\sin A + \sin B = 2\sin\frac{A+B}{2}\cos\frac{A-B}{2}$ 에서 $B=0$이면 $\sin A = 2\sin\frac{A}{2}\cos\frac{A}{2}$로 사인의 배각의 공식이 됩니다. 또한 $\cos A + \cos B = 2\cos\frac{A+B}{2}\cos\frac{A-B}{2}$ 에서 $B=0$이면 $\cos A = 2\cos^2\frac{A}{2}-1$로 코사인의 배각의 공식이 됩니다. 앞에서 배운 삼각함수의 합성은 $(\sin x + \cos x)$와 같이 각이 같고

사인과 코사인의 합 또는 차가 합성되는 것이고 앞의 공식은 서로 다른 두 각에 대하여 사인은 사인끼리, 코사인은 코사인끼리의 합 또는 차가 곱으로 바뀌는 것입니다. 이해가 되나요?

"아니요. 지금 머리가 너무 복잡해요. 너무 많은 공식이 한꺼번에 나오면서 이들 사이의 관계까지 이해하려 하니 뭐가 뭔지 모르겠어요."

네, 충분히 여러분의 마음이 이해가 갑니다. 선생님도 공식만 설명하는 것도 힘든데 이들 사이의 관계를 설명하려니 힘에 부칩니다. 그렇지만 이렇게 설명하는 이유는 꼭 여러분이 이들 사이의 관계를 이해하기를 바라는 것보다 단순히 이들을 외우지 말고 한 번 더 생각해 보라는 것입니다. 어떤 학생들은 이들 공식을 구구단처럼 외우는데 이는 바람직하지 않습니다. 여러분도 그렇게 공부하는 건 아니겠죠?

합 또는 차를 곱으로 고치는 공식에 관한 다음 문제를 해결해 봅시다.

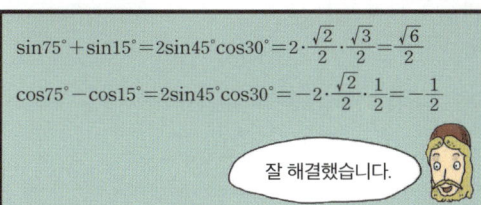

> **쏙쏙 문제 풀기**
>
> ① $\sin 75° + \sin 15°$
>
> ② $\sin 75° - \sin 15°$
>
> ③ $\cos 75° + \cos 15°$
>
> ④ $\cos 75° - \cos 15°$

① $\sin 75° + \sin 15° = 2\sin(\dfrac{75° + 15°}{2})\cos(\dfrac{75° - 15°}{2})$
$= 2 \cdot \dfrac{\sqrt{2}}{2} \cdot \dfrac{\sqrt{3}}{2} = \dfrac{\sqrt{6}}{2}$

② $\sin 75° - \sin 15° = 2\cos(\dfrac{75° + 15°}{2})\sin(\dfrac{75° - 15°}{2})$
$= 2 \cdot \dfrac{\sqrt{2}}{2} \cdot \dfrac{1}{2} = \dfrac{\sqrt{2}}{2}$

③ $\cos 75° + \cos 15° = -2\cos(\dfrac{75° + 15°}{2})\cos(\dfrac{75° - 15°}{2})$
$= 2 \cdot \dfrac{\sqrt{2}}{2} \cdot \dfrac{\sqrt{3}}{2} = \dfrac{\sqrt{6}}{2}$

④ $\cos 75° - \cos 15° = -2\sin(\dfrac{75° + 15°}{2})\sin(\dfrac{75° - 15°}{2})$
$= -2 \cdot \dfrac{\sqrt{2}}{2} \cdot \dfrac{1}{2} = -\dfrac{\sqrt{2}}{2}$

어떤가요? 생각보다 쉽지요? 지금까지 삼각함수의 여러 공식에 대해 공부했습니다. 삼각함수의 다양한 공식은 삼각함수의 표를 보지 않고 삼각함수를 극복하는 것과 더불어 적분과 같은 고등 수학에서 식을 간단하게 표현하기 위해서 공식이 필요하게 됩니다. 이러한 공식을 기계적으로 암기하기보다는 하나씩 유도하는 과정을 익힘으로써 여러분의 사고력을 더욱 향상시키기 바랍니다.

수업 정리

❶ 곱을 합 또는 차로 고치는 공식

$\sin\alpha\cos\beta = \dfrac{1}{2}\{\sin(\alpha+\beta)+\sin(\alpha-\beta)\}$

$\cos\alpha\sin\beta = \dfrac{1}{2}\{\sin(\alpha+\beta)-\sin(\alpha-\beta)\}$

$\cos\alpha\cos\beta = \dfrac{1}{2}\{\cos(\alpha+\beta)+\cos(\alpha-\beta)\}$

$\sin\alpha\sin\beta = -\dfrac{1}{2}\{\cos(\alpha+\beta)-\cos(\alpha-\beta)\}$

❷ 합 또는 차를 곱으로 고치는 공식

$\sin A + \sin B = 2\sin\dfrac{A+B}{2}\cos\dfrac{A-B}{2}$

$\sin A - \sin B = 2\cos\dfrac{A+B}{2}\sin\dfrac{A-B}{2}$

$\cos A + \cos B = 2\cos\dfrac{A+B}{2}\cos\dfrac{A-B}{2}$

$\cos A - \cos B = -2\sin\dfrac{A+B}{2}\sin\dfrac{A-B}{2}$